2018年全国专利代理人资格考试试题解析

国家知识产权局专利代理师考试委员会办公室 编著

图书在版编目（CIP）数据

2018年全国专利代理人资格考试试题解析/国家知识产权局专利代理师考试委员会办公室编著. —北京：知识产权出版社，2019.6（2019.8重印）（2019.12重印）

ISBN 978-7-5130-6304-3

Ⅰ.①2… Ⅱ.①国… Ⅲ.①专利—代理（法律）—中国—资格考试—题解 Ⅳ.①D923.42-44

中国版本图书馆CIP数据核字（2019）第110502号

内容提要

本书由国家知识产权局专利代理师考试委员会办公室组织编写，对2018年全国专利代理人资格考试各科试题进行了分析说明，方便广大考生复习、备考。

责任编辑：王瑞璞	责任校对：潘凤越
装帧设计：麒麟轩设计	责任印制：刘译文

2018年全国专利代理人资格考试试题解析
2018 Nian Quanguo Zhuanlidailiren Zige Kaoshi Shiti Jiexi

国家知识产权局专利代理师考试委员会办公室　编著

出版发行：知识产权出版社有限责任公司	网　　址：http://www.ipph.cn
社　　址：北京市海淀区气象路50号院	邮　　编：100081
责编电话：010-82000860转8116	责编邮箱：wangruipu@cnipr.com
发行电话：010-82000860转8101/8102	发行传真：010-82000893/82005070/82000270
印　　刷：三河市国英印务有限公司	经　　销：各大网上书店、新华书店及相关专业书店
开　　本：889mm×1194mm　1/16	印　　张：10.5
版　　次：2019年6月第1版	印　　次：2019年12月第3次印刷
字　　数：250千字	定　　价：40.00元
ISBN 978-7-5130-6304-3	

出版权专有　侵权必究

如有印装质量问题，本社负责调换。

前　言

　　目前，2019年全国专利代理师资格考试的准备工作已经全面展开了。为了帮助参加2019年全国专利代理师资格考试的应试人员更好地进行复习，我们组织编写了《2018年全国专利代理人资格考试试题解析》一书。本书按照专利法律知识、相关法律知识、专利代理实务三个科目的先后顺序进行编排。对于专利法律知识和相关法律知识两个科目，除给出每道试题的题目及答案之外，还在知识点部分指出了试题涉及的重要概念和出题知识点，在解析部分对每道试题的各个选项进行了具体分析，指出法律依据并说明了推理、判断过程。对于专利代理实务科目，则是在提供2018年度考试试题的基础上，对答题要点进行了说明并给出参考答案。

　　希望本书的出版对应试人员的复习、备考能够有所裨益。由于时间和水平有限，本书的疏漏或不当之处在所难免，敬请读者指正。

国家知识产权局专利代理师考试委员会办公室
2019年4月

目 录

专利法律知识 …………………………………………………………… (1)

相关法律知识 …………………………………………………………… (79)

专利代理实务 …………………………………………………………… (129)

    专利代理实务考试试卷 ………………………………………………… (131)

    2018 年专利代理实务题答题要点及参考答案 ……………………… (145)

专利法律知识

答题须知：

1. 本试卷共有 100 题，每题 1.5 分，总分 150 分。
2. 本试卷要求应试者在机考试卷上选择答案。
3. 本试卷所有试题的正确答案均以现行的法律、法规、规章、相关司法解释和国际条约为准。

一、单项选择题（每题所设选项中只有一个正确答案，多选、错选或不选均不得分。本部分含 1~30 题，每题 1.5 分，共 45 分。）

1. 甲、乙、丙、丁分别就无人驾驶汽车用摄像装置各自独立地先后完成了同样的发明创造，并就该发明创造分别向国家知识产权局提交了专利申请。根据下述选项所述的情形，则应当被授予专利权的是？

    A. 甲于 2014 年 8 月 1 日向国家知识产权局受理部门提交的符合规定的发明专利申请文件

    B. 乙于 2014 年 8 月 6 日向国家知识产权局受理部门提交的符合规定的发明专利申请文件，并享有 2013 年 8 月 6 日的优先权

    C. 丙于 2013 年 8 月 1 日通过顺丰速递向国家知识产权局受理部门寄交的符合规定的发明专利申请文件，国家知识产权局受理部门于 2013 年 8 月 2 日收到该申请文件

    D. 丁于 2013 年 7 月 30 日通过邮局向国家知识产权局受理部门寄交的符合规定的发明专利申请文件，国家知识产权局受理部门于 2013 年 8 月 8 日收到该申请文件

【答案】D

【知识点】先申请制

【解析】《专利法》第二十八条规定，国务院专利行政部门收到专利申请文件之日为申请日。如果申请文件是邮寄的，以寄出的邮戳日为申请日。《专利审查指南 2010》第五部分第三章第 2.3.1 节中规定，向专利局受理处或者代办处窗口直接递交的专利申请，以收到日为申请日；通过邮局邮寄递交到专利局受理处或者代办处的专利申请，以信封上的寄出邮戳日为申请日；通过速递公司递交到专利局受理处或者代办处的专利申请，以收到日为申请日。根据上述规定，甲的申请日为 2014 年 8 月 1 日，乙的申请日为 2014 年 8 月 6 日（优先权日为 2013 年 8 月 6 日），丙的申请日为 2013 年 8 月 2 日（国家知识产权局受理部门实际收到日），丁的申请日为 2013 年 7 月 30 日（邮寄日）。

《专利法》第九条规定，同样的发明创造只能授予一项专利权。……两个以上的申请人分别就同样的发明创造申请专利的，专利权授予最先申请的人。《专利法实施细则》第十一条第一款规定，除《专利法》第二十八条和第四十二条规定的情形外，《专利法》所称申请

日，有优先权的，指优先权日。综合以上规定，在适用先申请制原则时，有优先权的，申请日按优先权日确定。在以上选项中，选项D的申请日最早，其应当被授予专利权，故选项D正确。

综上，本题答案为：D。

2. 甲某是X公司的研究人员，与乙某、丙某共同承担了一种数字交换机的具体研制工作，2013年6月，甲某于该研制工作中途辞职继续独自开展相关数字交换机的开发工作。2014年4月，甲某完成该研制工作，成功开发出了某型数字交换机，并于2014年5月以甲某个人名义申请专利。则以下说法正确的是？

  A．该专利申请权应归X公司所有，甲某、乙某、丙某均享有发明人的署名权
  B．该专利申请权应归X公司所有，仅甲某享有发明人的署名权
  C．该专利申请权应归甲某个人所有，甲某享有发明人的署名权
  D．该专利申请权应归甲某个人所有，但X公司享有免费使用权

【答案】A

【知识点】职务发明创造申请专利的权利及所取得的专利权的归属

【解析】《专利法》第六条规定，执行本单位的任务或者主要是利用本单位的物质技术条件所完成的发明创造为职务发明创造。职务发明创造申请专利的权利属于该单位；申请被批准后，该单位为专利权人。非职务发明创造，申请专利的权利属于发明人或者设计人；申请被批准后，该发明人或者设计人为专利权人。利用本单位的物质技术条件所完成的发明创造，单位与发明人或者设计人订有合同，对申请专利的权利和专利权的归属作出约定的，从其约定。

《专利法实施细则》第十二条第一款规定，《专利法》第六条所称执行本单位的任务所完成的发明创造，是指：（一）在本职工作中作出的发明创造；（二）履行本单位交付的本职工作之外的任务所作出的发明创造；（三）退休、调离原单位后或者劳动、人事关系终止后1年内作出的，与其在原单位承担的本职工作或者原单位分配的任务有关的发明创造。甲某在X公司的职责是研制数字交换机，因此，甲某辞职后1年内作出与在原单位承担的本职工作相关的发明创造，仍属于职务发明，专利申请权属于X公司。

《专利法实施细则》第十三条规定，《专利法》所称发明人或设计人，是指对发明创造的实质性特点作出创造性贡献的人。在完成发明创造过程中，只负责组织工作的人、为物质技术条件的利用提供方便的人或者从事其他辅助工作的人，不是发明人或者设计人。《专利法》第十七条第一款规定，发明人或者设计人有权在专利文件中写明自己是发明人或者设计人。

甲某、乙某和丙某都是对数字交换机的实质性特点作出创造性贡献的人，都属于发明人，因此均具有发明人的署名权。由此可知，选项A正确。

综上，本题答案为：A。

3. 甲、乙二人合作研制出一种新型加湿器，申请专利并获得授权。W公司与甲、乙二人商谈，提出获得许可实施该专利的意向。甲以W公司规模太小没有名气为由拒绝，乙随后独自与

W 公司签订专利实施普通许可合同，许可费 20 万元。则以下说法哪一个是错误的？

    A. 该专利的专利权由甲乙共同享有

    B. 乙享有的发明人的署名权不可转让

    C. 乙无权与 W 公司签订普通许可合同

    D. 乙获得的 20 万元许可费应当合理分配给甲

【答案】C

【知识点】专利权人的概念　发明人或设计人的署名权　合作完成的发明创造

【解析】甲乙合作完成的发明创造，甲、乙二人为申请人；在获得授权后，甲、乙为专利权人，故选项 A 正确。

《专利法》第十七条第一款规定，发明人或者设计人有权在专利文件中写明自己是发明人或者设计人。署名权是一种人身权，不可转让，故选项 B 正确。

《专利法》第十五条规定，专利申请权或者专利权的共有人对权利的行使有约定的，从其约定。没有约定的，共有人可以单独实施或者以普通许可方式许可他人实施该专利；许可他人实施该专利的，收取的使用费应当在共有人之间分配。除前款规定的情形外，行使共有的专利申请权或者专利权应当取得全体共有人的同意。乙与 W 公司签订的是普通许可合同，合同有效，同时其收取的使用费应当在共有人之间分配。故选项 C 错误，选项 D 正确。

综上，本题答案为：C。

4. 蓝天公司是一家化工企业，为降低工业污染，遂请绿水公司开发新型催化剂，并向绿水公司支付了 10 万元报酬，由绿水公司的工程师甲某负责该研究项目，但未约定研究成果的知识产权归属。该催化剂研发成功后，该项发明的专利申请权应当归谁所有？

    A. 归蓝天公司所有

    B. 归甲某所有

    C. 归绿水公司所有

    D. 归蓝天公司和绿水公司共同所有

【答案】C

【知识点】委托完成的发明创造申请专利权利及所取得的专利权的归属　职务发明创造申请专利的权利及所取得的专利权的归属

【解析】《专利法》第八条规定，两个以上单位或者个人合作完成的发明创造、一个单位或者个人接受其他单位或者个人委托所完成的发明创造，除另有协议的以外，申请专利的权利属于完成或者共同完成的单位或者个人；申请被批准后，申请的单位或者个人为专利权人。《专利法》第六条规定，执行本单位的任务或者主要是利用本单位的物质技术条件所完成的发明创造为职务发明创造。职务发明创造申请专利的权利属于该单位；申请被批准后，该单位为专利权人。非职务发明创造，申请专利的权利属于发明人或者设计人；申请被批准后，该发明人或者设计人为专利权人。利用本单位的物质技术条件所完成的发明创造，单位与发明人或者设计人订有合同,对申请专利的权利和专利权的归属作出约定的,从其约定。在该题中,由于该发明属于委托开发完成的发明创造,在无约定的情况下,申请专利的权利属于完成发明的单位,即绿水公司。工程师甲某虽然是该研发工作的实际承担人,但其研发工作属于职务行为,属于职务发明创造,因此,申请专利的权利属于绿水公司。选项 C 正确,选项 A、B、D 错误。

综上,本题答案为:C。

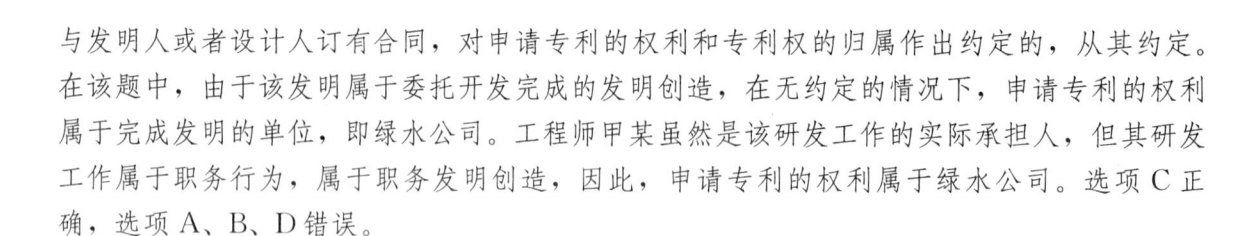

5. 关于《专利法》第五条,以下说法正确的是?

  A. 该条第一款所述"违反法律的发明创造"中的"法律",包括由全国人民代表大会或其常务委员会,以及国务院制定和颁布的法律法规

  B. 只要发明创造的产品的生产、销售或使用违反了法律,则该产品本身及其制造方法就属于违反法律的发明创造

  C. 如果一项在美国完成的发明创造的完成依赖于从中国获取的某畜禽遗传资源,该遗传资源属于列入《中华人民共和国国家级畜禽遗传资源保护名录》的遗传资源,但发明人并未按照《中华人民共和国畜禽遗传资源进出境和对外合作研究利用审批办法》的规定办理审批手续,因此,该项发明向中国申请专利时不能授予专利权

  D. 如果某专利申请说明书包含了违反法律的发明创造,但该申请的权利要求中未请求保护该违反法律的发明创造,则该专利申请不违反《专利法》第五条第一款的规定

【答案】C

【知识点】因违反法律而不能被授予专利权的发明创造

【解析】《专利审查指南 2010》第二部分第一章第 3.1.1 节中规定,法律,是指由全国人民代表大会或者全国人民代表大会常务委员会依照立法程序制定和颁布的法律。它不包括行政法规和规章。国务院所颁布的法规属于行政法规,因此选项 A 错误。

《专利法实施细则》第十条规定,《专利法》第五条所称违反法律的发明创造,不包括仅其实施为法律所禁止的发明创造。因此选项 B 错误。

《专利法》第五条第二款规定,对违反法律、行政法规的规定获取或者利用遗传资源,并依赖该遗传资源完成的发明创造,不授予专利权。《中华人民共和国畜禽遗传资源进出境和对外合作研究利用审批办法》属于国务院颁布的行政法规,依赖于违反该法规获得的遗传资源完成的发明创造,不能被授予专利权。故选项 C 正确。

专利授权公告文本,是经国务院专利行政部门审查确认的具有法律效力的文件,该文件不得包含任何违反法律的内容。因此,《专利法》第五条的审查对象不仅包括权利要求书,也包括说明书及其附图、说明书摘要等全部申请文件。因此,即便违反法律的内容仅在申请说明书中记载而未在权利要求书中请求保护,该专利申请也不得授予专利权,故选项 D 错误。

综上,本题答案为:C。

6. 下列选项属于不授予专利权的主题的是?

　　A. 一种快速检测人类尿液中尿蛋白含量的方法

　　B. 一种利用辐照饲养法生产高产牛奶的乳牛的方法

　　C. 一种为实现原子核变换而增加粒子能量的粒子加速装置

　　D. 上述都属于不授予专利权的主题

【答案】A

【知识点】与疾病的诊断方法、动植物品种、原子核变换方法相关的不授予专利权的主题

【解析】根据《专利法》第二十五条第一款第（三）项至第（五）项规定，疾病的诊断和治疗方法、动物和植物品种，以及用原子核变换方法获得的物质均属于不授予专利权的主题。

《专利审查指南2010》第二部分第一章第4.3.1.1节中规定，如果一项发明从表述形式上看是以离体样品为对象，但该发明是以获得同一主体疾病诊断结果或健康状况为直接目的，则该发明不能被授予专利权。选项A尽管以尿液离体样本为检测对象，但检测目的是通过尿蛋白含量获得人体诊断结果或健康状况，因而属于疾病的诊断方法，不能被授予专利权。

《专利审查指南2010》第二部分第一章第4.4节中规定，根据《专利法》第二十五条第二款的规定，对动物和植物品种的生产方法，可以授予专利权。但这里所说的生产方法是指非生物学方法。因此，在选项B的方法中，辐照技术这一人为的技术介入对于实现该方法的技术目的是决定性的，因此属于非生物学方法，是可以被授予专利权的主题。

根据《专利审查指南2010》第二部分第一章第4.5节规定，原子核变换方法及用原子核变换方法所获得的物质是不能被授予专利权的；为实现核变换方法的各种设备、仪器及其零部件等，属于可被授予专利权的客体。选项C中实现原子核变换的粒子加速装置属于可被授予专利权的客体。

基于上述理由，选项D的说法是错误的。

综上，本题答案为：A。

7. 判断外观设计是否符合《专利法》第二十三条第一款、第二款授权条件的判断主体是?

　　A. 所属技术领域的技术人员

　　B. 一般消费者

　　C. 普通设计人员

　　D. 实际消费者

【答案】B

【知识点】外观设计授权条件的判断主体

【解析】根据《专利审查指南2010》第四部分第五章第4节的规定，在判断外观设计是否符合《专利法》第二十三条第一款、第二款规定时，应当基于涉案专利产品的一般消费者

的知识水平和认知能力进行评价。因此,《专利法》第二十三条第一款、第二款具有相同的判断主体,即一般消费者。

综上,本题答案为:B。

8. 授予专利权的外观设计不得与他人在申请日以前已经取得的著作权相冲突。判定外观设计专利权与在先著作权相冲突的标准是?
    A. 外观设计与作品中的设计相同或者实质相同
    B. 外观设计与作品中的设计相同或者实质性相似
    C. 外观设计与作品中的设计相同或者相近似
    D. 外观设计与作品中的设计相同或者无明显区别

【答案】B

【知识点】外观设计与在先权利相冲突的判断

【解析】根据《专利审查指南2010》第四部分第五章第7.2节的规定,在接触或者可能接触他人享有著作权的作品的情况下,未经著作权人许可,在涉案专利中使用了该作品相同或者实质性相似的设计,从而导致涉案专利的实施将会损害在先著作权人的相关合法权利或者权益的,应当判定涉案专利权与在先著作权相冲突。因此,判定外观设计专利权与在先著作权相冲突的标准是"相同或者实质性相似"。

综上,本题答案为:B。

9. 对于外观设计专利申请,下列哪项不属于审查员可以依职权修改的内容?
    A. 明显的产品名称错误
    B. 申请人在简要说明中指定的最能表明设计要点的图片或者照片明显不恰当
    C. 简要说明中有宣传用语
    D. 相似外观设计申请,申请人在简要说明中未指定基本设计

【答案】D

【知识点】外观设计的依职权修改

【解析】根据《专利审查指南2010》第一部分第三章第10.3节的规定,依职权修改的内容主要指以下几个方面:(1)明显的产品名称错误;(2)明显的视图名称错误;(3)明显的视图方向错误;(4)外观设计图片中的产品绘制线条包含有应删除的线条,例如阴影线、指示线、中心线、尺寸线、点划线等;(5)简要说明中写有明显不属于简要说明可以写明的内容,例如关于产品内部结构、技术效果的描述、产品推广宣传等用语;(6)申请人在简要说明中指定的最能表明设计要点的图片或者照片明显不恰当;(7)请求书中,申请人地址或联系人地址漏写、错写或者重复填写的省(自治区、直辖市)、市、邮政编码等信息。因此,选项A、B、C均属于审查员可以依职权修改的内容。选项D,即相似外观设计申请中基本设计的指定,关系到相似外观设计是否符合合案申请的条件,审查员不能依职权指定或者修改。

综上，本题答案为：D。

10. 关于保密专利的审查，以下说法错误的是？

    A. 申请人认为其发明或者实用新型专利申请涉及国家安全或者重大利益需要保密的，应当在提出专利申请的同时，在请求书上作出要求保密的表示，其申请文件不得以电子申请的形式提交

    B. 专利申请涉及国防利益需要保密的，由国防专利机构受理并进行审查，经审查没有发现驳回理由的，由国家知识产权局根据国防专利机构的审查意见作出授予国防专利权的决定并颁发国防专利证书

    C. 国家知识产权局认为其受理的发明或者实用新型专利申请涉及国防利益以外的国家安全或者重大利益需要保密的，应及时作出按照保密专利申请处理的决定，并通知申请人

    D. 保密专利申请的授权公告仅公布专利号、申请日和授权公告日，发明或者实用新型专利解密后，应当进行解密公告

【答案】B

【知识点】保密专利的审查　保密专利的公告　国防专利申请

【解析】对于发明和实用新型专利而言，保护客体均建立在技术方案的基础上，保密专利、国防专利、保密审查等与国家安全及重大利益有关的法律法规和部门规章是专利工作者必须建立的意识与规范。该题重在将相关规定的基本知识点结合在一起，考查考生对相关手续及国家知识产权局、国防知识产权局分工的熟悉程度。

《专利审查指南2010》第五部分第五章第3.1.1节中规定，申请人认为其发明或者实用新型专利申请涉及国家安全或者重大利益需要保密的，应当在提出专利申请的同时，在请求书上作出要求保密的表示，其申请文件应当以纸件形式提交。所以选项A的说法正确。

《国防专利条例》第十八条中规定，国防专利申请经审查认为没有驳回理由或者驳回后经过复审认为不应驳回的，由国务院专利行政部门作出授予国防专利权的决定，并委托国防专利机构颁发国防专利证书。所以选项B的说法错误。

《专利法实施细则》第七条第二款中规定，国务院专利行政部门认为其受理的发明或者实用新型专利申请涉及国防利益以外的国家安全或者重大利益需要保密的，应当及时作出按照保密专利申请处理的决定，并通知申请人。所以选项C的说法正确。

《专利审查指南2010》第五部分第八章第1.2.1.3节中规定，保密发明专利只公告保密专利权的授予和保密专利的解密，保密专利公告的著录事项包括：专利号、申请日、授权公告日等。保密发明专利解密后，在专利公报的解密栏中予以公告，出版单行本。所以选项D的说法正确。

综上，本题答案为：B。

11. 下列情形，不可以在提出专利申请时要求不丧失新颖性宽限期的是？

A. 在中国政府主办或者承认的国际展览会上首次展出的
B. 在学术期刊公开发表或者规定的技术会议上首次发表的
C. 他人未经申请人同意而泄露其内容的
D. 在有明确保密要求的省以下学术会议上首次发表的

【答案】B

【知识点】新颖性宽限期

【解析】《专利法》第二十四条规定，申请专利的发明创造在申请日以前6个月内，有下列情形之一的，不丧失新颖性：（一）在中国政府主办或者承认的国际展览会上首次展出的；（二）在规定的学术会议或者技术会议上首次发表的；（三）他人未经申请人同意而泄露其内容的。所以，选项A和选项C都可以在提出专利申请时要求不丧失新颖性的宽限期。

《专利法》第二十二条第五款规定，该法所称现有技术，是指申请日以前在国内外为公众所知的技术。《专利审查指南2010》第二部分第三章第2.1节中规定，根据《专利法》第二十二条第五款的规定，现有技术是指申请日以前在国内外为公众所知的技术。现有技术包括在申请日（有优先权的，指优先权日）以前在国内外出版物上公开发表、在国内外公开使用或者以其他方式为公众所知的技术。因此，在学术期刊公开发表属于现有技术，所以选项B不得享受不丧失新颖性的宽限期。

《专利审查指南2010》第一部分第一章第6.3.2节中规定，规定的学术会议或者技术会议，是指国务院有关主管部门或者全国性学术团体组织召开的学术会议或者技术会议，不包括省以下或者受国务院各部委或者全国性学术团体委托或者以其名义组织召开的学术会议或者技术会议。在后者所述的会议上的公开将导致丧失新颖性，除非这些会议本身有保密约定。所以选项D也可以在提出专利申请时要求不丧失新颖性宽限期。

综上，本题答案为：B。

12. 以下关于专利登记簿的说法，哪一个是错误的？

A. 专利权授予之后，专利登记簿与专利证书上记载的内容不一致的，以专利登记簿上记载的法律状态为准
B. 专利权授予公告之后，任何人都可以向国家知识产权局请求出具专利登记簿副本，专利权失效的除外
C. 请求出具专利登记簿副本的，应当提交办理文件副本请求书并缴纳相关费用
D. 国家知识产权局授予专利权时建立专利登记簿，授予专利权以前发生的专利申请权转移、专利申请实施许可合同备案等事项均属于专利登记簿登记的内容

【答案】B

【知识点】专利登记簿 专利实施许可合同备案

【解析】《专利审查指南2010》第五部分第九章第1.3.2节中规定，授予专利权时，专利登记簿与专利证书上记载的内容是一致的，在法律上具有同等效力；专利权授予之后，专利的法律状态的变更仅在专利登记簿上记载，由此导致专利登记簿与专利证书上记载的内容不

一致的，以专利登记簿上记载的法律状态为准。所以，选项 A 的说法是正确的。

《专利审查指南 2010》第五部分第九章第 1.3.3 节中规定，专利登记簿副本依据专利登记簿制作。专利权授予公告之后，任何人都可以向专利局请求出具专利登记簿副本。这一规定并未排除失效专利，所以选项 B 的说法是错误的。

《专利审查指南 2010》第五部分第九章第 1.3.3 节中同时规定，请求出具专利登记簿副本的，应当提交办理文件副本请求书并缴纳相关费用。所以，选项 C 的说法是正确的。

《专利审查指南 2010》第五部分第九章第 1.3.1 节中规定，专利登记簿登记的内容包括：专利权的授予，专利申请权、专利权的转移，保密专利的解密，专利权的无效宣告，专利权的终止，专利权的恢复，专利权的质押、保全及其解除，专利实施许可合同的备案，专利实施的强制许可以及专利权人姓名或者名称、国籍、地址的变更。《专利实施许可合同备案办法》第十四条第一款规定，专利实施许可合同备案的有关内容由国家知识产权局在专利登记簿上登记；该办法第二十条第一款规定，当事人以专利申请实施许可合同申请备案的，参照该办法执行。所以，选项 D 的说法是正确的。

综上，本题答案为：B。

13. 关于放弃专利权声明的说法，以下说法错误的是？

A. 一项专利权包含多项发明创造的，专利权人可以放弃全部专利权，也可以放弃部分专利权

B. 申请人在办理授予专利权登记手续程序中，未缴纳年费的，视为放弃取得专利权

C. 对于同一申请人同日（仅指申请日）对同样的发明创造既申请实用新型又申请发明专利的，在先获得授权的实用新型专利权尚未终止的，申请人若不愿修改发明专利申请避免重复授权，则应当提交放弃实用新型专利权的声明

D. 专利权处于质押状态的，未经质权人同意，专利权人无权放弃专利权

【答案】A

【知识点】放弃专利权　专利权质押登记

【解析】《专利审查指南 2010》第五部分第九章第 2.3 节中规定，放弃专利权只能放弃一件专利的全部，放弃部分专利权的声明视为未提出。所以，选项 A 的说法是错误的。

《专利审查指南 2010》第五部分第九章第 1.1.5 节中规定，专利局发出授予专利权的通知书和办理登记手续通知书后，申请人在规定期限内未按照该章第 1.1.3 节规定办理登记手续的，应当发出视为放弃取得专利权通知书。所以，选项 B 的说法正确。

《专利法实施细则》第四十一条第四款规定，发明专利申请经审查没有发现驳回理由，国务院专利行政部门应当通知申请人在规定期限内声明放弃实用新型专利权。申请人声明放弃的，国务院专利行政部门应当作出授予发明专利权的决定，并在公告授予发明专利权时一并公告申请人放弃实用新型专利权声明。申请人不同意放弃的，国务院专利行政部门应当驳回该发明专利申请；申请人期满未答复的，视为撤回该发明专利申请。所以，选项 C 的说法正确。

《专利权质押登记办法》第十五条规定，专利权质押期间，出质人未提交质权人同意其放弃

专利权的证明材料的，国家知识产权局不予办理专利权放弃手续。所以，选项D的说法正确。

综上，本题答案为：A。

14. 关于创造性，下列说法错误的是？
    A. 如果一项发明与现有技术相比具有预料不到的技术效果，则该发明具备创造性
    B. 如果发明解决了人们一直渴望解决但始终未能获得成功的技术难题，则该发明具备创造性
    C. 如果发明不是历尽艰辛，而是偶然做出的，则该发明不具备创造性
    D. 如果发明在商业上获得的成功是由于其技术特征直接导致的，则该发明具备创造性

【答案】C
【知识点】创造性判断
【解析】《专利法》第二十二条第三款规定，创造性，是指与现有技术相比，该发明具有突出的实质性特点和显著的进步，该实用新型具有实质性特点和进步。

《专利审查指南2010》第二部分第四章第5.3节中规定，当发明产生了预料不到的技术效果时，一方面说明发明具有显著的进步，同时也反映出发明的技术方案是非显而易见的，具有突出的实质性特点，该发明具备创造性。因此选项A正确。

《专利审查指南2010》第二部分第四章第5.1节中规定，如果发明解决了人们一直渴望解决但始终未能获得成功的技术难题，这种发明具有突出的实质性特点和显著的进步，具备创造性。因此选项B正确。

《专利审查指南2010》第二部分第四章第6.1节中规定，不管发明者在创立发明的过程中是历尽艰辛，还是唾手而得，都不应当影响对该发明创造性的评价。绝大多数发明是发明者创造性劳动的结晶，是长期科学研究或者生产实践的总结。但是，也有一部分发明是偶然做出的。因此选项C错误。

《专利审查指南2010》第二部分第四章第5.4节中规定，当发明的产品在商业上获得成功时，如果这种成功是由于发明的技术特征直接导致的，则一方面反映了发明具有有益效果，同时也说明了发明是非显而易见的，因而这类发明具有突出的实质性特点和显著的进步，具备创造性。但是，如果商业上的成功是由于其他原因所致，例如由于销售技术的改进或者广告宣传造成的，则不能作为判断创造性的依据。因此选项D正确。

综上，本题答案为：C。

15. 一件中国发明专利申请的申请日为2016年3月18日，优先权日为2015年3月19日。下列记载了相同发明内容的哪个专利文献构成该申请的抵触申请？
    A. 一件在WIPO（世界知识产权组织）提出的PCT国际申请，国际申请日为2016年6月15日，优先权日为2015年6月15日，国际公布日为2016年12月15日，进入中国国家阶段的日期为2017年12月15日
    B. 同一申请人于2015年3月19日向国家知识产权局提交的实用新型专利申请，授权公

告日为 2016 年 9 月 19 日

C. 一件在欧洲专利局提出的发明专利申请，其申请日为 2015 年 6 月 15 日，优先权日为 2014 年 6 月 15 日，公开日为 2015 年 12 月 15 日

D. 日本某公司在中国提出的发明专利申请，其申请日为 2014 年 12 月 15 日，优先权日为 2013 年 12 月 15 日，公开日为 2015 年 6 月 15 日

【答案】D

【知识点】抵触申请

【解析】《专利法》第二十二条第二款规定，新颖性，是指该发明或者实用新型不属于现有技术；也没有任何单位或者个人就同样的发明或者实用新型在申请日以前向国务院专利行政部门提出过申请，并记载在申请日以后公布的专利申请文件或者公告的专利文件中。由此可见，构成抵触申请需满足以下三个条件：申请日在本申请的申请日以前（不含申请日），公开日/公告日在本申请的申请日以后（含申请日）；向国务院专利行政部门提出的申请；属于同样的发明或者实用新型。

《专利审查指南 2010》第二部分第三章第 2.2 节中还规定，抵触申请还包括满足以下条件的进入了中国国家阶段的国际专利申请，即申请日以前由任何单位或者个人提出，并在申请日之后（含申请日）由专利局作出公布或公告的且为同样的发明或者实用新型的国际专利申请。抵触申请仅指在申请日以前提出的，不包含在申请日提出的同样的发明或者实用新型专利申请。

《专利法实施细则》第十一条第一款规定，除《专利法》第二十八条和第四十二条规定的情形外，《专利法》所称申请日，有优先权的，指优先权日。因此，在判断是否满足抵触申请的时间要求时，有优先权的，应以优先权日来判断。

选项 A 中的 PCT 国际申请进入了中国国家阶段，但其优先权日为 2015 年 6 月 15 日，晚于本申请的优先权日 2015 年 3 月 19 日，因此不符合抵触申请需要满足的时间要求。选项 B 中本申请的优先权日，即 2015 年 3 月 19 日向专利局提出申请，但抵触申请的时间要求为：在申请日（有优先权的，指优先权日）以前提出，不包含在申请日（有优先权的，指优先权日）提出，因此不符合抵触申请需要满足的时间要求。选项 C 的专利申请是向欧洲专利局提出的，因此不满足抵触申请需要"向国务院专利行政部门提出的"这一条件。选项 D 满足抵触申请的上述三个条件，D 选项正确。

综上，本题答案为：D。

16. 某发明专利申请的权利要求如下：

1. 一种复合材料的制备方法，其特征在于：……，混合时间为 10～75 分钟。

2. 根据权利要求 1 所述的复合材料制备方法，其特征在于混合时间为 30～45 分钟。

关于上述权利要求的新颖性，下列说法错误的是？

A. 对比文件公开的一种复合材料的制备方法，其中混合时间为 15～90 分钟（其余特征与权利要求 1 相同），则权利要求 1 相对于该对比文件不具备新颖性

B. 对比文件公开的一种复合材料的制备方法，其中混合时间为20～60分钟（其余特征与权利要求1相同），则权利要求1相对于该对比文件不具备新颖性

C. 对比文件公开的一种复合材料的制备方法，其中混合时间为20～90分钟（其余特征与权利要求2相同），则权利要求2相对于该对比文件不具备新颖性

D. 对比文件公开的一种复合材料的制备方法，其中混合时间为45分钟（其余特征与权利要求2相同），则权利要求2相对于该对比文件不具备新颖性

【答案】C

【知识点】涉及数值和数值范围的权利要求新颖性判断

【解析】《专利审查指南2010》第二部分第三章第3.2.4节中规定，如果要求保护的发明或者实用新型中存在以数值或者连续变化的数值范围限定的技术特征，例如部件的尺寸、温度、压力以及组合物的组分含量，而其余技术特征与对比文件相同，则其新颖性的判断应当依照以下各项规定。(1) 对比文件公开的数值或者数值范围落在上述限定的技术特征的数值范围内，将破坏要求保护的发明或者实用新型的新颖性。(2) 对比文件公开的数值范围与上述限定的技术特征的数值范围部分重叠或者有一个共同的端点，将破坏要求保护的发明或实用新型的新颖性。(3) 对比文件公开的数值范围的两个端点将破坏上述限定的技术特征为离散数值并且具有该两端点中任一个的发明或者实用新型的新颖性，但不破坏上述限定的技术特征为该两端点之间任一数值的发明或者实用新型的新颖性。(4) 上述限定的技术特征的数值或者数值范围落在对比文件公开的数值范围内，并且与对比文件公开的数值范围没有共同的端点，则对比文件不破坏要求保护的发明或者实用新型的新颖性。

根据上述规定，选项A、B属于前述数值范围部分重叠的情形，选项D属于前述数值范围存在共同端点的情形，因此破坏权利要求1或2的新颖性。选项C中对比文件3的数值范围大于权利要求2限定的数值范围，不能破坏权利要求2的新颖性，故选项C错误。

综上，本题答案为：C。

17. 如果国际检索单位认为一件PCT国际申请没有满足发明单一性的要求，则下列说法错误的是？

A. 申请人未在规定期限内缴纳附加检索费的，则国际检索单位仅对该国际申请权利要求中首先提到的发明部分作出国际检索报告

B. 该申请提出国际初审的，国际初审单位对于没有作出国际检索报告的权利要求也需进行国际初步审查

C. 由于申请人未按国际单位的要求缴纳附加检索费或附加审查费，而导致该PCT申请部分权利要求未经国际检索或国际初步审查时，在进入中国国家阶段后，申请人要求将所述部分作为审查基础的，专利审查部门认为国际检索单位或者国际初步审查单位对发明单一性的判断正确的，应当通知申请人在指定期限内缴纳单一性恢复费

D. 在PCT申请进入中国国家阶段后，专利审查部门经审查认定申请人提出的作为审查基础的申请文件中要求保护的主题不存在缺乏单一性的问题，但是与国际单位所作出

的结论不一致的，则应当对所有要求保护的主题进行审查

【答案】B

【知识点】国际检索、国际初步审查的程序 进入国家阶段的国际申请的单一性审查

【解析】《专利合作条约》第17条第3款（a）项规定，如果国际检索单位认为国际申请不符合细则中规定的发明单一性的要求，该检索单位应要求申请人缴纳附加费。国际检索单位应对国际申请的权利要求中首先提到的发明（"主要发明"）部分作出国际检索报告；在规定期限内付清要求的附加费后，再对国际申请中已经缴纳该项费用的发明部分作出国际检索报告。因此选项A的说法正确。

《专利合作条约》第34条、《专利合作条约实施细则》第66条与第67条规定了不作国际初步审查的情况。其中，对由于申请人未在规定期限内缴纳附加检索费，而导致没有作出国际检索报告的发明的权利要求不进行国际初步审查；或者如果国际初步审查单位认为国际申请不符合细则所规定的单一性要求，可以要求申请人选择对权利要求加以限制，以符合该要求，或缴纳附加费。如果申请人在规定的期限内不履行前述要求，国际初步审查应就国际申请中看来是主要发明的那些部分作出国际初步审查报告，并在该报告中说明有关的事实。因此选项B的说法错误。

《专利法实施细则》第一百一十五条第二款规定，在国际阶段，国际检索单位或者国际初步审查单位认为国际申请不符合《专利合作条约》规定的单一性要求时，申请人未按照规定缴纳附加费，导致国际申请某些部分未经国际检索或者未经国际初步审查，在进入中国国家阶段时，申请人要求将所述部分作为审查基础，国务院专利行政部门认为国际检索单位或者国际初步审查单位对发明单一性的判断正确的，应当通知申请人在指定期限内缴纳单一性恢复费。期满未缴纳或者未足额缴纳的，国际申请中未经检索或者未经国际初步审查的部分视为撤回。《专利审查指南2010》第三部分第二章第5.5节中规定，对于缺乏单一性的多项发明，需要核实以下内容：是否包含了在国际阶段由于申请人没有应审查员要求缴纳因缺乏单一性所需的附加检索费或附加审查费，而导致未做国际检索或国际初步审查的发明，或由于未缴纳附加检索费或附加审查费而表示放弃的发明，存在上述情况时，需要核实国际单位作出的发明缺乏单一性的结论是否正确。因此选项C的说法正确。

《专利审查指南2010》第三部分第二章第5.5节中规定，经审查认定申请人提出的作为审查基础的申请文件中要求保护的主题不存在缺乏单一性的问题，但是与国际单位所作出的结论不一致的，则应当对所有要求保护的主题进行审查。因此选项D的说法正确。

综上，本题答案为：B。

18. 当事人对专利复审委员会作出的审查决定不服而向人民法院起诉，以下说法正确的是？

　　A. 当事人应当自收到通知之日起六个月内向人民法院起诉

　　B. 对于撤销原驳回决定的复审决定，复审请求人不得向人民法院起诉

　　C. 对于专利复审委员会维持专利权有效的审查决定，专利权人不得向人民法院起诉

　　D. 因主要证据不足或者法律适用错误导致审查决定被人民法院撤销的，专利复审委员会

不得以相同的理由和证据作出与原决定相同的决定

【答案】D

【知识点】对专利复审委员会的决定不服的司法救济

【解析】《行政诉讼法》第四十六条第一款规定，公民、法人或者其他组织直接向人民法院提起诉讼的，应当自知道或者应当知道作出行政行为之日起 6 个月内提出。法律另有规定的除外。《专利法》第四十一条第二款规定，专利申请人对专利复审委员会的复审决定不服的，可以自收到通知之日起 3 个月内向人民法院起诉。《专利法》第四十六条第二款规定，对专利复审委员会宣告专利权无效或者维持专利权的决定不服的，可以自收到通知之日起 3 个月内向人民法院起诉。人民法院应当通知无效宣告请求程序的对方当事人作为第三人参加诉讼。

针对专利复审委员会作出的决定提起的诉讼时效，属于《行政诉讼法》第四十六条第一款"法律另有规定的情形"，应遵照《专利法》第四十一条第二款、第四十六条第二款的规定，向人民法院起诉的时效为收到通知之日起 3 个月内，故选项 A 错误。当事人对审查决定不服的，都可以向人民法院起诉，没有审查决定结论方面的限制，故选项 B 和 C 错误。《专利审查指南 2010》第四部分第一章第 8 节第（2）项规定，因主要证据不足或者法律适用错误导致审查决定被撤销的，不得以相同的理由和证据作出与原决定相同的决定。故选项 D 正确。

综上，本题答案为：D。

19. 关于复审程序中的委托手续，以下说法错误的是？

    A. 复审请求人在复审程序中委托专利代理机构，且委托书中写明其委托权限仅限于办理复审程序有关事务的，其委托手续应当在专利复审委员会办理

    B. 复审请求人在专利复审委员会办理委托手续，但提交的委托书中未写明委托权限仅限于办理复审程序有关事务的，应当在指定期限内补正；期满未补正的，视为未委托

    C. 对于根据《专利法》第十九条第一款规定应当委托专利代理机构的复审请求人，未按规定委托的，其复审请求不予受理

    D. 复审请求人与多个专利代理机构同时存在委托关系的，其复审请求不予受理

【答案】D

【知识点】复审程序中的委托手续

【解析】《专利审查指南 2010》第四部分第二章第 2.6 节中规定，复审请求人委托专利代理机构请求复审或者解除、辞去委托的，应当参照该指南第一部分第一章第 6.1 节的规定在专利局办理手续。但是，复审请求人在复审程序中委托专利代理机构，且委托书中写明其委托权限仅限于办理复审程序有关事务的，其委托手续或者解除、辞去委托的手续应当参照上述规定在专利复审委员会办理，无须办理著录项目变更手续。复审请求人在专利复审委员会办理委托手续，但提交的委托书中未写明委托权限仅限于办理复审程序有关事务的，应当在指定期限内补正；期满未补正的，视为未委托。故选项 A 的说法是正确的，选项 B 的说法

也是正确的。

《专利审查指南 2010》第四部分第二章第 2.6 节中规定，对于根据《专利法》第十九条第一款规定应当委托专利代理机构的复审请求人，未按规定委托的，其复审请求不予受理。故选项 C 的说法是正确的。

《专利审查指南 2010》第四部分第二章第 2.6 节中规定，复审请求人与多个专利代理机构同时存在委托关系的，应当以书面方式指定其中一个专利代理机构作为收件人；未指定的，专利复审委员会将在复审程序中最先委托的专利代理机构视为收件人；最先委托的专利代理机构有多个的，专利复审委员会将署名在先的视为收件人；署名无先后（同日分别委托）的，专利复审委员会应当通知复审请求人在指定期限内指定；未在指定期限内指定的，视为未委托。故选项 D 的说法是错误的，复审请求人与多个专利代理机构同时存在委托关系的，并不会导致其复审请求不予受理。

综上，本题答案为：D。

20. 关于复审程序的终止，以下说法错误的是？
    A. 复审请求因期满未答复而被视为撤回的，复审程序终止
    B. 在作出复审决定前，复审请求人撤回其复审请求的，复审程序终止
    C. 已受理的复审请求因不符合受理条件而被驳回请求的，复审程序终止
    D. 复审决定撤销原驳回决定的，复审请求人收到复审决定之日起，复审程序终止

【答案】D

【知识点】复审程序的终止

【解析】《专利法实施细则》第六十四条规定，复审请求人在专利复审委员会作出决定前，可以撤回其复审请求。复审请求人在专利复审委员会作出决定前撤回其复审请求的，复审程序终止。《专利审查指南 2010》第四部分第二章第 9 节规定，复审请求因期满未答复而被视为撤回的，复审程序终止。在作出复审决定前，复审请求人撤回其复审请求的，复审程序终止。已受理的复审请求因不符合受理条件而被驳回请求的，复审程序终止。复审决定作出后复审请求人不服该决定的，可以根据《专利法》第四十一条第二款的规定在收到复审决定之日起 3 个月内向人民法院起诉；在规定的期限内未起诉或者人民法院的生效判决维持该复审决定的，复审程序终止。故选项 A、B、C 的说法是正确的，选项 D 的说法错误。

综上，本题答案为：D。

21. 关于无效宣告程序，以下说法错误的是？
    A. 无效宣告程序是专利公告授权之后方可请求启动的程序
    B. 无效宣告程序是依当事人请求而启动的程序
    C. 无效宣告程序必须是双方当事人参加的程序
    D. 宣告专利权无效的决定，由国家知识产权局登记和公告

【答案】C

【知识点】无效宣告程序的性质

【解析】《专利法》第四十五条规定，自国务院专利行政部门公告授予专利权之日起，任何单位或者个人认为该专利权的授予不符合该法有关规定的，可以请求专利复审委员会宣告该专利权无效。故选项A、B的说法正确。

《专利审查指南2010》第四部分第三章第1节中规定，无效宣告程序是专利公告授权后依当事人请求而启动的，通常为双方当事人参加的程序。因此，无效宣告程序通常是请求人和专利权人双方当事人参加的程序，但是，当专利权人提出无效宣告请求时，只有一方当事人参加该程序。故选项C的说法错误。

《专利法》第四十六条第一款规定，专利复审委员会对宣告专利权无效的请求应当及时审查和作出决定，并通知请求人和专利权人。宣告专利权无效的决定，由国务院专利行政部门登记和公告。故选项D的说法正确。

综上，本题答案为：C。

22. 某发明专利申请于2015年11月20日获得公告授权，专利权人为甲。针对该专利权，乙于2016年5月20日向专利复审委员会提出无效宣告请求，甲随后删除了部分权利要求。专利复审委员会于2016年11月20日作出审查决定，宣告修改后的权利要求维持有效。2017年1月20日，甲将丙公司诉至人民法院，主张丙公司于2016年1月至4月间的销售行为侵犯了该专利权。请问：在甲与丙公司的侵权纠纷中，应当以哪份权利要求书作为审理的基础？

A. 2015年11月20日该专利授权公告时的权利要求书
B. 2016年11月20日专利复审委员会审查决定宣告维持有效的权利要求书
C. 2016年5月20日乙请求专利复审委员会宣告无效的权利要求书
D. 2016年1月至4月丙公司能够查阅到的权利要求书

【答案】B

【知识点】无效宣告请求审查决定的效力

【解析】《专利法》第四十七条第一款规定，宣告无效的专利权视为自始即不存在。《专利审查指南2010》第四部分第三章第5节中规定，一项专利被宣告部分无效后，被宣告无效的部分应视为自始即不存在。但是被维持的部分（包括修改后的权利要求）也同时应视为自始即存在。因此，在甲与丙公司的侵权纠纷中，应当以2016年11月20日专利复审委员会审查决定维持有效的权利要求书作为审理的基础。

综上，本题答案为：B。

23. 无效宣告程序中，当事人提交的以下哪种证据无须办理公证、认证等相关的证明手续？

A. 在美国出版、纸质发行的专业期刊
B. 在德国举办的某展览会的会议图册
C. 某产品在中国台湾地区公开制造、销售的有关合同和票据
D. 从中国国家图书馆获得的英国专利文件

【答案】D

【知识点】无效宣告程序中域外证据及香港、澳门、台湾地区形成的证据的证明手续

【解析】《专利审查指南2010》第四部分第八章第2.2.2节规定，域外证据是指在中华人民共和国领域外形成的证据，该证据应当经所在国公证机关予以证明，并经中华人民共和国驻该国使领馆予以认证，或者履行中华人民共和国与该所在国订立的有关条约中规定的证明手续。当事人向专利复审委员会提供的证据是在香港、澳门、台湾地区形成的，应当履行相关的证明手续。但是在以下三种情况下，对上述两类证据，当事人可以在无效宣告程序中不办理相关的证明手续：(1)该证据是能够从除香港、澳门、台湾地区外的国内公共渠道获得的，如从专利局获得的国外专利文件，或者从公共图书馆获得的国外文献资料；(2)有其他证据足以证明该证据真实性的；(3)对方当事人认可该证据的真实性的。

选项A和B属于域外证据，应当经所在国公证机关予以证明，并经中华人民共和国驻该国使领馆予以认证，或者履行中华人民共和国与该所在国订立的有关条约中规定的证明手续。选项C属于在中国台湾地区形成的证据，也应当履行相关的证明手续。选项D属于从公共图书馆等国内公共渠道获得的国外专利文件，在无效宣告程序中无须办理相关的证明手续。

综上，本题答案为：D。

24. 某专利代理人在代理专利申请过程中未履行职责，给委托人造成了经济损失，那么下列哪个说法是正确的？

　　A. 由该代理人所在的代理机构承担赔偿责任，该代理人无须承担赔偿责任
　　B. 该代理人所在的代理机构承担赔偿责任后，可以按一定比例向该代理人追偿
　　C. 由该代理人承担赔偿责任，其所在的代理机构无须承担赔偿责任
　　D. 该代理人的行为情节严重的，由其所在的专利代理机构给予批评教育

【答案】B

【知识点】对专利代理人和专利代理机构的惩罚

【解析】《专利代理条例》第二十五条规定，专利代理人有下列行为之一，情节轻微的，由其所在的专利代理机构给予批评教育。情节严重的，可以由其所在的专利代理机构解除聘任关系，并收回其《专利代理人工作证》；由省、自治区、直辖市专利管理机关给予警告或者由中国国家知识产权局给予吊销《专利代理人资格证书》处罚：(一)不履行职责或者不称职以致损害委托人利益的；(二)泄露或者剽窃委托人的发明创造内容的；(三)超越代理权限，损害委托人利益的；(四)私自接受委托，承办专利代理业务，收取费用的。前款行为，给委托人造成经济损失的，专利代理机构承担经济赔偿责任后，可以按一定比例向该专利代理人追偿。根据上述规定可知，选项A、C、D错误，选项B正确。

综上，本题答案为：B。

25. 国家知识产权局负责法制工作的机构作为行政复议机构，不具备下列哪一职能？

　　A. 向有关部门及人员调查取证，调阅有关文档和资料

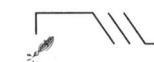

B. 办理与行政复议申请一并请求的行政赔偿

C. 办理重大行政复议决定备案事项

D. 确定具体行政行为违法，直接重新作出具体行政行为

【答案】D

【知识点】复议机构及其职责

【解析】《国家知识产权局行政复议规程》第三条规定，国家知识产权局负责法制工作的机构（以下称"行政复议机构"）具体办理行政复议事项，履行下列职责：（一）受理行政复议申请；（二）向有关部门及人员调查取证，调阅有关文档和资料；（三）审查具体行政行为是否合法与适当；（四）办理一并请求的行政赔偿事项；（五）拟订、制作和发送行政复议法律文书；（六）办理因不服行政复议决定提起行政诉讼的应诉事项；（七）督促行政复议决定的履行；（八）办理行政复议、行政应诉案件统计和重大行政复议决定备案事项；（九）研究行政复议工作中发现的问题，及时向有关部门提出行政复议意见或者建议。故选项A、B、C正确。

在确认具体行政行为违法的情形下，新的具体行政行为应当由被申请人作出，而不是复议机构作出，故选项D错误。

综上，本题答案为：D。

26. 甲公司获得一项灯具的外观设计专利权。乙公司未经甲公司的许可制造了相同设计的灯具，并出售给丙酒店。丙酒店使用该灯具装饰其酒店大堂使其显得金碧辉煌以招徕顾客。则以下说法正确的是？

A. 乙公司和丙酒店的上述行为均侵犯了甲公司的专利权

B. 乙公司的上述行为侵犯了甲公司的专利权，但丙酒店的上述行为未侵犯甲公司的专利权

C. 乙公司的上述行为未侵犯甲公司的专利权，但丙酒店的上述行为侵犯了甲公司的专利权

D. 乙公司和丙酒店的上述行为均未侵犯甲公司的专利权

【答案】B

【知识点】禁止他人未经许可实施外观设计专利

【解析】《专利法》第十一条第二款规定，外观设计专利权被授予后，任何单位或者个人未经专利权人许可，都不得实施其专利，即不得为生产经营目的制造、许诺销售、销售、进口其外观设计专利产品。根据该条款，禁止他人未经许可实施外观设计专利的情形仅包括"制造、许诺销售、销售、进口"，不包括"使用"外观设计专利产品的行为。

乙公司未经甲公司许可制造并销售该外观设计产品，侵犯了甲公司的外观设计专利权。丙酒店的行为是购买和使用该外观设计专利产品的行为，不属于《专利法》第十一条第二款规定的侵权行为。

综上，本题答案为：B。

27. 甲获得了一项工艺方法的专利权，该工艺方法的实施需要使用一种专用装置X，该工艺方法直接获得产品Y。甲并未申请该专用装置X的专利保护。

甲与乙订立书面购销合同，甲向乙出售一批该专用装置X。所述合同中，甲未对该装置X的使用方法提出任何限制。

乙使用该批装置X按照甲公司的专利方法制造产品Y，并将其批发给丙。丙在市场上公开销售该产品Y。

则以下说法正确的是？

A．乙和丙侵犯了甲的方法专利权

B．乙未侵犯甲的方法专利权，丙侵犯了甲的方法专利权

C．乙侵犯了甲的方法专利权，丙的行为属于"不视为侵犯专利权"的行为

D．乙未侵犯甲的方法专利权，丙的行为属于"不视为侵犯专利权"的行为

【答案】D

【知识点】专利实施许可　不视为侵犯专利权的行为

【解析】《专利法》第十一条第一款规定，发明和实用新型专利权被授予后，除该法另有规定的以外，任何单位或者个人未经专利权人许可，都不得实施其专利，即不得……使用其专利方法以及使用、许诺销售、销售、进口依照该专利方法直接获得的产品。

《专利法》第十二条中规定，任何单位或者个人实施他人专利的，应当与专利权人订立实施许可合同，向专利权人支付专利使用费。该规定并没有强调所订立的实施许可合同必须是书面合同。因此，专利实施许可合同的订立形式不限于书面、明示的合同。

尽管乙未与甲订立关于专利方法的实施许可的书面合同，但是，乙与甲订立购买实施该专利方法的专用装置X的合同时，合同没有明示提出对该专用装置X的使用限制。基于信赖保护原则，应当推定乙购买该装置X的目的就是实施该专利方法，即乙从甲购买该专用装置X的同时，即获得了"使用其专利方法以及使用、许诺销售、销售、进口依照该专利方法直接获得的产品"的"默示许可"。故乙未侵犯甲的方法专利权。因此，选项A和C的说法是错误的。

《专利法》第六十九条规定，有下列情形之一的，不视为侵犯专利权：（一）专利产品或者依照专利方法直接获得的产品，由专利权人或者经其许可的单位、个人售出后，使用、许诺销售、销售、进口该产品的；……。如前所述，乙实际上获得了实施该专利方法的默示许可，丙所销售的产品Y属于"由经专利权人许可的单位、个人售出"的产品，因此丙的行为属于不视为侵犯专利权的情形。因此，选项B的说法是错误的，选项D的说法正确。

综上，本题答案为：D。

28. 关于专利实施强制许可，以下说法正确的是？

A．根据"国家出现紧急状态或非常情况，或为了公共利益的目的"或"为公共健康目的，对取得专利权的药品"请求给予强制许可的，不适用听证程序

B．在国家知识产权局作出驳回强制许可申请的决定的情况下，强制许可的请求人可以向

法院起诉

C. 专利权人与取得强制许可的单位或个人不能就强制许可的使用费达成协议的,可以直接向法院提起诉讼,无需先经过国家知识产权局裁决

D. 对专利强制许可的使用费裁决不服的,可以向国家知识产权局提起行政复议

【答案】A

【知识点】专利实施的强制许可

【解析】《专利法》第四十九条规定,在国家出现紧急状态或者非常情况时,或者为了公共利益的目的,国务院专利行政部门可以给予实施发明专利或者实用新型专利的强制许可。《专利法》第五十条规定,为了公共健康目的,对取得专利权的药品,国务院专利行政部门可以给予制造并将其出口到符合中华人民共和国参加的有关国际条约规定的国家或者地区的强制许可。《专利实施强制许可办法》第十八条规定,请求人或者专利权人要求听证的,由国务院专利行政部门组织听证。……根据《专利法》第四十九条或者第五十条的规定建议或者请求给予强制许可的,不适用听证程序。因此,选项A的说法是正确的。

《专利法》第五十八条规定,专利权人对国务院专利行政部门关于实施强制许可的决定不服的,专利权人和取得实施强制许可的单位或个人对国务院专利行政部门关于实施强制许可的使用费的裁决不服的,可以自收到通知之日起3个月内向人民法院起诉。根据该规定,仅专利权人可以对国务院专利行政部门的强制许可决定向法院起诉,强制许可请求人不能对该决定向法院起诉。因此选项B的说法是错误的。而对许可使用费的裁决不服的,应该提起诉讼,而不能提起行政复议。因此选项D的说法是错误的。

《专利法》第五十七条规定,取得实施强制许可的单位或者个人应当付给专利权人合理的使用费,或者依照中华人民共和国参加的有关国际条约的规定处理使用费问题。付给使用费的,其数额由双方协商;双方不能达成协议的,由国务院专利行政部门裁决。根据该规定,强制许可使用费协商不成的,由国务院专利行政部门裁决。对裁决不服的,再依据《专利法》第五十八条的规定向法院起诉。因此,选项C的说法是错误的。

综上,本题答案为:A。

29. 住所地位于A市的甲获得一项产品专利,乙未经甲的许可在B市制造该专利产品,丙从乙处大量购置该专利产品并在C市销售。A、B、C市中级人民法院都具有专利纠纷案件的管辖权。甲欲以乙和丙为共同被告提起专利侵权诉讼。则以下说法正确的是?

A. A市中级人民法院有管辖权

B. B市中级人民法院有管辖权

C. C市中级人民法院有管辖权

D. A、B、C市中级人民法院均具有管辖权

【答案】C

【知识点】诉讼管辖 地域管辖

【解析】《最高人民法院关于审理专利纠纷案件适用法律问题的若干规定》(法释〔2015〕

4号)第五条第一款规定,因侵犯专利权行为提起的诉讼,由侵权行为地或者被告住所地人民法院管辖。因此,选项A、D的说法是错误的。

《最高人民法院关于审理专利纠纷案件适用法律问题的若干规定》第六条第一款规定,以制造者与销售者为共同被告起诉的,销售地人民法院有管辖权。因此,选项B的说法是错误的,选项C的说法是正确的。

综上,本题答案为:C。

30. 关于"不视为侵犯专利权的情形",以下说法正确的是?

A. 甲发明了一项产品,仅在中国申请并获得了专利权,乙公司在越南制造销售该专利产品,丙公司从越南的乙公司购得该专利产品,并将其进口到中国内地销售。丙的行为属于平行进口行为,不视为侵犯专利权的情形

B. 甲获得一项焊接技术专利。乙公司在该专利申请日前已经运用该技术用于焊接,丙公司将乙公司连同该焊接技术一并收购,并在乙公司原有生产规模范围内继续实施该焊接技术。丙公司实施该专利技术的行为不视为侵犯甲的专利权

C. 某大学工业设计实验室对某项外观设计专利产品进行分析,研究仿制该外观设计产品。该大学实验室的行为属于专为科学研究和实验而使用有关专利的行为,不视为侵犯专利权

D. 某大学研究所针对某专利产品进行了研究,并组织了中等产量规模的试制。该大学研究所的行为属于专为科学研究和实验而使用有关专利的行为,不视为侵犯专利权

【答案】B

【知识点】不视为侵犯专利权的行为

【解析】《专利法》第六十九条规定,有下列情形之一的,不视为侵犯专利权:(一)专利产品或者依照专利方法直接获得的产品,由专利权人或者经其许可的单位、个人售出后,使用、许诺销售、销售、进口该产品的;(二)在专利申请日前已经制造相同产品、使用相同方法或者已经做好制造、使用的必要准备,并且仅在原有范围内继续制造、使用的;……(四)专为科学研究和实验而使用有关专利的;……。

根据该法条第(一)项的规定,认定平行进口不构成侵犯专利权行为的前提条件是,专利权人或者经其许可的单位、个人在我国境外售出其专利产品,与该专利权人在销售地所在国或地区是否获得专利权无关。但是丙公司购买的商品是由乙公司生产的,乙公司在越南生产销售该专利产品的行为未经甲的许可(事实上乙公司也不需要得到甲的许可),因此,丙公司进口该专利产品的行为不属于"专利权人或者经其许可的单位、个人在我国境外售出的专利产品",因此,丙公司的行为不属于"不视为侵犯专利权的行为",选项A的说法错误。

根据该法条第(二)项的规定,先用权属于"不视为侵犯专利权的行为"。《最高人民法院关于审理侵犯专利权纠纷案件应用法律若干问题的解释》(法释〔2009〕21号)第十五条第四款规定,先用权人在专利申请日后将其已经实施或作好实施必要准备的技术或设计转让或者许可他人实施,被诉侵权人主张该实施行为属于在原有范围内继续实施的,人民法院不

予支持，但该技术或设计与原有企业一并转让或者承继的除外。选项B属于将该先用权的技术连同原有企业一并转让的行为，并且转让后继续在乙公司的原有范围内实施，故丙公司的行为不视为侵犯专利权，选项B的说法正确。

《专利法》第二条第四款规定，外观设计，是指对产品的形状、图案或者其结合以及色彩与形状、图案的结合所作出的富有美感并适于工业应用的新设计。从这一定义出发，他人对外观设计专利权的设计方案本身进行分析谈不上进行"科学研究和实验"的问题，而且选项C的主要目的是进行外观设计产品的仿制，而不是科学研究。因此该实验室的行为不属于"不视为侵犯专利权的行为"，选项C的说法错误。

"对某专利产品进行了研究，并组织了中等规模的批量试制"已经超出了《专利法》第六十九条第（四）项规定的"为科学研究和实验"目的，因此该研究所的行为不属于"不视为侵犯专利权的行为"，选项D的说法错误。

综上，本题答案为：B。

二、多项选择题（每题所设选项中至少有两个正确答案，多选、少选、错选或不选均不得分。本部分含31~100题，每题1.5分，共105分。）

31. 关于专利权，以下说法错误的有？

　　A. 专利权具有排他性，专利权人有权禁止任何人未经其许可为生产经营目的实施该专利技术

　　B. 自专利授权之日起，专利权人即获得在专利有效期内不受他人约束、自由实施其专利技术以获利的权利

　　C. 专利的排他权本质上是排除对专利权所保护之知识产品的非法侵占、妨害或损毁

　　D. 各国专利制度均涵盖发明专利、实用新型和外观设计三种类型的专利

【答案】ABCD

【知识点】专利权的概念

【解析】《专利法》第十一条规定，发明和实用新型专利权被授予后，除该法另有规定的以外，任何单位和个人未经专利权人许可，都不得实施其专利……。《专利法》第六十九条又进一步规定了不视为侵犯专利权的五种情形。例如，专利技术的先用者可以在原有范围内继续为生产经营目的实施该专利技术，专利权人无权禁止。故选项A的说法错误。

专利权不必然允许专利权人在市场上自由地利用其专利技术获利。例如，该专利的实施依赖于在先专利的，则构成从属专利。在从属专利的专利权人与在先专利的专利权人达成协议之前，该从属专利的专利权人也不得为生产经营目的实施该专利技术。故选项B的说法错误。

专利权属于无形财产权，不发生有形占有，无有形损耗。专利赋予专利权人的排他权本质上是排斥非专有人对知识产品的不法仿制、假冒或剽窃，而不是对知识产品的非法侵占、妨害或损毁。因此，选项C的说法错误。

实用新型专利制度是中国等部分国家特有的专利制度,并非世界各国专利制度都具有的制度设计,例如美国就没有实用新型专利制度。故选项D的说法错误。

综上,本题答案为:A、B、C、D。

32. 关于申请人,下列说法正确的是?

    A. 中国内地申请人是个人的,在提交专利申请时应当填写其姓名、地址、居民身份证件号码等信息
    B. 申请人是外国企业的,如果其在中国有营业所的,应当提供当地工商行政管理部门(市场监督管理部门)出具的证明文件
    C. 申请人是外国人的,如果其在中国有经常居所,应当提交公安部门出具的已在中国居住一年以上的证明文件
    D. 申请人是外国人的,如果其所属国不是巴黎公约成员国或者世界贸易组织成员,其所属国法律也没有明文规定依互惠原则给外国人以专利保护的条款的,申请人也不能提供相关文件证明其所属国承认中国公民和单位可以按照该国国民的同等条件,在该国享有专利权及其他相关权利的,则其在中国的申请应当被驳回

【答案】ABD

【知识点】中国内地申请人　外国申请人

【解析】根据《专利审查指南2010》第一部分第一章第4.1.3.1节的规定,申请人是中国单位或者个人的,应当在请求书中填写其名称或者姓名、地址、邮政编码、组织机构代码或者居民身份证件号码。另根据《专利审查指南2010》第一部分第一章第4.1.3.2节的规定,申请人在请求书中表明在中国有营业所的,审查员应当要求申请人提供当地工商行政管理部门出具的证明文件。因此,选项A和B说法正确。根据《专利审查指南2010》第一部分第一章第4.1.3.2节的规定,申请人是外国人的,在请求书中表明在中国有经常居所的,审查员应当要求申请人提交公安部门出具的可在中国居住一年以上的证明文件,而非已在中国居住一年以上,故选项C错误。根据《专利审查指南2010》第一部分第一章第4.1.3.2节的规定,只有当申请人所属国不是《巴黎公约》成员国或者世界贸易组织成员时,才需审查该国法律中是否订有依互惠原则给外国人以专利保护的条款。申请人所属国法律中没有明文规定依互惠原则给外国人以专利保护的条款的,审查员应当要求申请人提交其所属国承认中国公民和单位可以按照该国国民的同等条件,在该国享有专利权和其他有关权利的证明文件。申请人不能提供证明文件的,根据《专利法实施细则》第四十四条的规定,以不符合《专利法》第十八条为理由,驳回该专利申请。因此,选项D正确。

综上,本题答案为:A、B、D。

33. 甲、乙、丙、丁四人合作研制出新型加湿器,共同申请专利并获得授权,但甲、乙、丙、丁四人未就专利权的行使作出明确约定。甲欲将该专利以普通许可的方式许可A公司使用,乙欲将该专利以排他许可的方式许可B公司使用,丙对这两种许可均表示反对,丁未与甲、乙、

丙协商自行实施该专利技术。则下列哪些说法是错误的？

A. 丁自行实施该专利所获得收益应当与甲、乙、丙分享
B. 如果丙反对，甲、乙均无权与A公司、B公司签署许可合同
C. 甲有权不顾丙的反对，将该专利技术以普通许可的方式许可给A公司实施
D. 只要乙同意与甲、丙、丁分享专利许可费，乙就可以自行与B公司签署排他许可协议

【答案】ABD

【知识点】合作完成的发明创造申请专利权利及所取得的专利权的归属

【解析】《专利法》第十五条规定，专利申请权或者专利权的共有人对权利的行使有约定的，从其约定。没有约定的，共有人可以单独实施或者以普通许可方式许可他人实施该专利；许可他人实施该专利的，收取的使用费应当在共有人之间分配。除前款规定的情形外，行使共有的专利申请权或者专利权应当取得全体共有人的同意。

专利权共有人自行实施该专利的，不需要取得全体共有人的同意，也不需要在共有人之间分配其收益。故选项A的说法错误。甲与A公司提出的是专利实施的普通许可，依据上述规定，以普通许可方式许可他人实施该专利的，共有权人可以自行决定，不需要取得全体共有人的同意。故选项B的说法错误，选项C的说法正确。乙与B公司提出的是专利实施的排他许可的方式，根据上述规定，排他许可行应当取得全体共有人的同意，与乙是否愿意分享许可费无关。故选项D的说法错误。

综上，本题答案为：A、B、D。

34. 甲省某专利代理机构在乙省设有办事机构，对于该办事机构的管理，以下做法错误的是？

A. 为便于办事机构开展业务活动，专利代理机构许可办事机构自行接受业务委托
B. 办事机构的财务由专利代理机构统一管理
C. 专利代理机构拟撤销办事机构，应当在向甲省知识产权局提出申请并获得同意后，再向乙省知识产权局提出申请
D. 办事机构的撤销报经国家知识产权局批准后生效

【答案】ACD

【知识点】专利代理机构办事机构的停业或撤销

【解析】根据《专利代理管理办法》第十七条第一款的规定，专利代理机构的办事机构不得以其单独名义办理专利代理业务，其人事、财务、业务等由其所属专利代理机构统一管理。因此，选项A错误，选项B正确。

根据《专利代理管理办法》第十八条第一款的规定，办事机构停业或者撤销的，应当在妥善处理各种尚未办结的事项后，向办事机构所在地的省、自治区、直辖市知识产权局申请。经批准的，由该知识产权局报国家知识产权局备案，同时抄送专利代理机构所在地的省、自治区、直辖市知识产权局。因此，选项C、D错误。

综上，本题答案为：A、C、D。

35. 专利代理人违反有关法律、法规和规章规定的，对专利代理人给予的惩戒包括？

　　A．警告

　　B．通报批评

　　C．收回专利代理人执业证书

　　D．吊销专利代理人资格

【答案】A B C D

【知识点】对专利代理人和专利代理机构的惩戒

【解析】《专利代理惩戒规则（试行）》第五条规定，对专利代理人的惩戒分为：（一）警告；（二）通报批评；（三）收回专利代理人执业证书；（四）吊销专利代理人资格。因此，选项A、B、C、D均正确。

　　综上，本题答案为：A、B、C、D。

36. 甲对国家知识产权局针对其恢复权利请求的审批通知的意见不服而申请行政复议的，以下说法正确的是？

　　A．甲某应当自收到恢复权利请求审批通知之日起60日内提出行政复议申请

　　B．甲某可以委托代理人代为参加行政复议

　　C．行政复议申请受理后，发现甲某又向人民法院提起行政诉讼并被受理的，驳回行政复议申请

　　D．行政复议申请受理后，行政复议决定作出之前，复议申请人不得撤回行政复议申请

【答案】A B C

【知识点】行政复议的申请与受理

【解析】《国家知识产权局行政复议规程》第八条第一款规定，公民、法人或者其他组织认为国家知识产权局的具体行政行为侵犯其合法权益的，可以自知道该具体行政行为之日起60日内提出行政复议申请。甲某应当自收到通知之日起60日内提出行政复议申请，故选项A正确。

《国家知识产权局行政复议规程》第七条规定，复议申请人、第三人可以委托代理人代为参加行政复议。故选项B正确。

《国家知识产权局行政复议规程》第九条第三款规定，国家知识产权局受理行政复议申请后，发现在受理前或者受理后当事人向人民法院提起行政诉讼并且人民法院已经依法受理的，驳回行政复议申请。故选项C正确。

《国家知识产权局行政复议规程》第十八条规定，行政复议决定作出之前，复议申请人可以要求撤回行政复议申请。准予撤回的，行政复议程序终止。故选项D错误。

　　综上，本题答案为：A、B、C。

37. 某国内企业想就其最新研发的产品技术向中国及其在"一带一路"沿线的主要市场所在国申请专利，以下说法正确的有？

A．该企业拟在向国家知识产权局申请专利后又向外国申请专利的，应当在提交专利申请同时或之后向国家知识产权局提交向外国申请专利保密审查请求书，向外国申请专利的内容应当与该专利申请的内容一致

B．该企业未在其向外国申请专利保密审查请求书递交日起4个月内收到向外国申请专利保密审查通知的，可以就该技术方案向外国申请专利

C．该企业未经国家知识产权局进行保密审查而直接向外国申请专利的，其在中国提出的专利申请不能被授予专利权

D．该企业向国家知识产权局提交国际申请的，视为同时提出向外国申请专利保密审查请求，国际申请需要保密的，国家知识产权局审查部门应自申请日起3个月内向该企业发出因国家安全原因不再传送登记本和检索本的通知书

【答案】ABCD

【知识点】向外申请保密审查

【解析】《专利审查指南2010》第五部分第五章第6.2.1节规定，申请人拟在向专利局申请专利后又向外国申请专利的，应当在提交专利申请同时或之后提交向外国申请专利保密审查请求书。未按上述规定提出请求的，视为未提出请求。向外国申请专利的内容应当与该专利申请的内容一致。所以选项A的说法正确。

《专利法实施细则》第九条第一款规定，国务院专利行政部门收到依照该细则第八条规定递交的请求后，经过审查认为该发明或者实用新型可能涉及国家安全或者重大利益需要保密的，应当及时向申请人发出保密审查通知；申请人未在其请求递交日起4个月内收到保密审查通知的，可以就该发明或者实用新型向外国申请专利或者向有关国外机构提交专利国际申请。因此选项B的说法正确。

《专利法》第二十条第一款规定，任何单位或者个人将在中国完成的发明或者实用新型向外国申请专利的，应当事先报经国务院专利行政部门进行保密审查。保密审查的程序、期限等按照国务院的规定执行。该条第四款规定，对违反该条第一款规定向外国申请专利的发明或者实用新型，在中国申请专利的，不授予专利权。所以选项C的说法正确。

《专利审查指南2010》第五部分第五章第6.3.1节规定，申请人向专利局提交国际申请的，视为同时提出向外国申请专利保密审查请求。《专利审查指南2010》第五部分第五章第6.3.2节中规定，国际申请需要保密的，审查员应当自申请日起3个月内发出因国家安全原因不再传送登记本和检索本的通知书，通知申请人和国际局该申请将不再作为国际申请处理，终止国际阶段程序。所以选项D的说法正确。

综上，本题答案为：A、B、C、D。

38．下列选项哪些属于不授予专利权的主题？

A．一种由稳频单频激光器发出的稳频单频激光，其特征在于所述稳频单频激光器具有激光管和稳频器

B．一种治疗妇科炎症的胶囊制剂的质量控制方法，其特征在于：质量控制方法由性状、

鉴别、检查和含量测定组成，其中鉴别是对地毯、头花蓼、黄柏、五指毛桃和延胡索的鉴别，含量测定是用高效液相色谱法对胶囊制剂中没食子酸的含量测定

C. 一种测定唾液中酒精含量的方法，该方法通过检测被测人唾液酒精含量，以反映出其血液中酒精含量

D. 一种检测患者患癌症风险的方法，包括如下步骤：(i) 分离患者基因组样本；(ii) 检测是否存在或表达 SEQ ID NO：1 序列所包含的基因，其中存在或表达所述基因表明患者有患癌症的风险

【答案】A B D
【知识点】不授予专利权的客体
【解析】根据《专利审查指南2010》第二部分第一章的规定，不授予专利权的申请包括不符合《专利法》第二条第二款规定的客体、根据《专利法》第五条不授予专利权的发明创造，以及依据《专利法》第二十五条不授予专利权的客体。

选项A请求保护的主题是一种激光。虽然其特征部分对产生激光的激光器的具体构成部件例如激光管等进行了限定，但由于请求保护的主题是激光，因此该权利要求作为一个整体请求保护的是激光本身。而激光本身不属于专利法意义上的产品发明，因而该权利要求不符合《专利法》第二条第二款的规定，不能被授予专利权。

选项B涉及药品的质量控制方法。一般来说，质量控制方法都是人为的规定，测定哪些成分，控制哪些指标，检测哪些项目，都是根据产品的特点制定的。因此，质量控制方法的主题名称就是一种智力活动的规则和方法，属于《专利法》第二十五条规定的不授权的主题。

选项C的方法涉及一种离体样本的检测方法，其直接目的是检测该样本主体的血液中的酒精含量，并不能最终确定被检测者的健康状况，即不是为了获得疾病的诊断结果，因此该方法不属于疾病的诊断方法，不属于《专利法》第二十五条规定的不授予专利权的主题。

选项D方法的直接目的是获得该样本主体患有癌症的风险度，是以获得同一主体的健康状况为直接目的的，因此该方法属于疾病的诊断方法，不能被授予专利权。

综上，本题答案为：A、B、D

39. 下列专利申请，存在可能导致该申请被驳回的实质性缺陷的有？

A. 请求保护的发明是一种固体燃料。该燃料包含助燃剂"神威9号"。但说明书中并未对该助燃剂"神威9号"做任何具体说明，仅在背景技术部分指出某国防专利具体记载了该助燃剂，并提供了具体的国防专利的申请号、授权公告日

B. 请求保护的发明是一种使用交流电的点烟器，其无需将交流电转换为直流电，而是直接使用交流电驱动点烟器。说明书中只记载了该点烟器可使用交流电，而没有记载该点烟器的具体结构

C. 请求保护的发明是一种有机化合物，但申请说明书中记载的该化合物结构鉴定图谱信息与其化学分子结构明显矛盾，且说明书记载的其他信息不足以澄清该矛盾的

D. 请求保护的发明是一种抗癌组合物，但说明书中记载的该组合物的全部成分均选自绿

豆、淀粉、蔗糖、食用胶

【答案】A B C D

【知识点】说明书公开充分

【解析】《专利审查指南 2010》第二部分第二章第 2.1.3 节中规定，说明书应当清楚地记载发明或者实用新型的技术方案，详细地描述实现发明或者实用新型的具体实施方式，完整地公开对于理解和实现发明或者实用新型必不可少的技术内容，达到所属技术领域的技术人员能够实现该发明或者实用新型的程度。以下各种情况由于缺乏解决技术问题的技术手段而被认为无法实现：(1) 说明书只给出了任务和/或设想，或者只表明了一种愿望和/或结果，而未给出任何使所属领域技术人员能够实施的技术手段；(2) 说明书中给出了技术手段，但对所属技术领域的技术人员来说，该手段是含糊不清的，根据说明书记载的内容无法具体实施；(3) 说明书中给出了技术手段，但所属技术领域的技术人员采用该手段并不能够解决发明或者实用新型所要解决的技术问题；(4) 申请的主题为由多个技术手段构成的技术方案，对于其中一个技术手段，所属技术领域的技术人员按照说明书记载的内容并不能实现；(5) 说明书中给出了具体的技术方案，但未给出实验证据，而该方案又必须依赖实验结果加以证实才能成立。

选项 A 中，说明书对助燃剂"神威 9 号"的说明是含糊不清的，同时助燃剂"神威 9 号"也不是所属技术领域公知的材料。尽管申请说明书引证国防专利以试图证明该助燃剂的具体产品结构，但国防专利不属于公开出版物，而属于保密资料。因此，其引证的国防专利也不能用于清楚说明该助燃剂的结构。因此所属技术领域的技术人员根据说明书记载的内容不能实施该发明，属于《专利审查指南 2010》第二部分第二章第 2.1.3 节规定的"说明书没有充分公开请求保护的技术方案"的情形。

选项 B 中，现有技术中的点烟器都采用直流电源来驱动，所属技术领域的技术人员按照说明书的内容无从知道采用交流电点烟器的结构，进而不能制造出该点烟器。实际上，该申请仅仅提出了一种设想，并未给出实现其设想的技术手段，属于《专利审查指南 2010》第二部分第二章第 2.1.3 节规定的"说明书没有充分公开请求保护的技术方案"的情形。

选项 C 中，说明书中给出了相互矛盾的技术手段。对所属技术领域的技术人员来说，该手段是含糊不清的，根据说明书记载的内容无法具体实施，属于《专利审查指南 2010》第二部分第二章第 2.1.3 节规定的"说明书没有充分公开请求保护的技术方案"的情形。

选项 D 中，所述的组合物成分全部为不具备药用活性的惰性成分，所属技术领域的技术人员采用该手段并不能够解决发明或者实用新型所要解决的技术问题，属于《专利审查指南 2010》第二部分第二章第 2.1.3 节规定的"说明书没有充分公开请求保护的技术方案"的情形。

综上，本题答案为：A、B、C、D。

40. 下列发明专利申请的权利要求，哪些请求保护的范围是不清楚的（不考虑选项中的省略号部分的内容）？

A. 一种非易失性存储器的操作方法，包括……执行一抹除过程，其中井电压远大于基底电压

B. 一种装饰照明装置，包括照明灯及连接的导线，该导线的电阻很小

C. 一种含三水合氧化铝的牙膏，其中三水合氧化铝的平均粒度小于30微米，优选5～20微米

D. 一种制备产品A的方法，其特征在于……将混合物最高加热到不低于80℃的温度

【答案】ABCD

【知识点】权利要求的范围清楚

【解析】《专利法》第二十六条第四款规定，权利要求书应当清楚、简要地限定要求专利保护的范围。

选项A的权利要求中的"远大于"含义不确切，所属技术领域的技术人员并不能确定两个比较对象之间差别程度为多大时才属于"远大于"的情形，因此难于清楚界定出权利要求的保护范围，该权利要求的保护范围不清楚。

选项B的权利要求中的技术特征"导线电阻很小"，在所属技术领域中没有公认的含义，由此造成权利要求的保护范围不清楚。

选项C中，"优选"的使用导致该权利要求限定出两个不同的保护范围，即"所含三水合氧化铝的平均粒度小于30微米的牙膏"和"所含三水合氧化铝的平均粒度是5～20微米的牙膏"，因此该权利要求的保护范围不清楚。

选项D中，"最高"和"不低于"的表达导致该语句含义自相矛盾，使得该权利要求请求保护的范围不清楚。

综上，本题答案为：A、B、C、D。

41. 关于权利要求保护范围的理解，以下说法正确的有？

A. "一种中药组合物，包括山药、枸杞、西洋参、栀子。"该权利要求解释为该组合物还可以含有除山药、枸杞、西洋参、栀子以外的其他组分

B. 权利要求中可以使用附图标记，附图标记可以解释为对权利要求的限制

C. "根据权利要求1～5所述的制造方法，其特征在于……"，这样的引用关系是不允许的，会导致权利要求的保护范围不清楚

D. 权利要求中如果使用了"如图……所示"的用语，就会导致保护范围的不清楚

【答案】AC

【知识点】权利要求的撰写规定及其对保护范围的影响

【解析】《专利审查指南2010》第二部分第二章第3.3节中规定，通常，开放式的权利要求宜采用"包含""包括""主要由……组成"的表达方式，其解释为还可以含有该权利要求中没有述及的结构组成部分或方法步骤。故选项A的说法正确。

《专利法实施细则》第十九条第四款中规定，附图标记不得解释为对权利要求的限制。故选项B不正确。

《专利法实施细则》第二十二条第二款规定，引用两项以上的多项从属权利要求，只能以择一方式引用在前的权利要求。选项C属于非择一引用，这样的引用关系会导致权利要求的保护范围不清楚。故选项C的说法正确。

《专利法实施细则》第十九条第三款规定，除绝对必要的外，不得使用"如说明书……部分所述"或者"如图……所示"的用语。《专利审查指南2010》第二部分第二章第3.3节进一步规定，绝对必要的情况是指当发明或者实用新型涉及的某特定形状仅能用图形限定而无法用语言表达时，权利要求可以使用"如图……所示"等类似用语。故选项D不正确。

综上，本题答案为：A、C。

42. 下列哪些情况视为未保藏生物材料？

  A. 申请日为2017年6月1日，优先权日为2016年9月1日，保藏日期为2017年1月1日，提交保藏证明和存活证明的日期为2017年6月1日

  B. 申请日为2017年6月1日，优先权日为2016年9月1日，保藏日期为2016年9月1日，提交保藏证明和存活证明的日期为2017年12月1日

  C. 申请日为2017年6月1日，优先权日为2016年9月1日，保藏日期为2017年3月1日，提交保藏证明和存活证明的日期为2017年7月1日，同日提交了放弃优先权声明

  D. 申请日为2017年6月1日，优先权日为2016年9月1日，保藏日期为2016年9月1日，提交保藏证明和存活证明的日期为2017年8月1日，后发现请求书和申请文件均没有记载保藏信息，于2017年12月1日提交了补正

【答案】A B D

【知识点】涉及生物材料保藏的要求

【解析】《专利法实施细则》第二十四条规定，申请专利的发明涉及新的生物材料，该生物材料公众不能得到，并且对该生物材料的说明不足以使所属领域的技术人员实施其发明的，除应当符合《专利法》和该细则的有关规定外，申请人还应当办理下列手续：（一）在申请日前或者最迟在申请日（有优先权的，指优先权日），将该生物材料的样品提交国务院专利行政部门认可的保藏单位保藏，并在申请时或者最迟自申请日起4个月内提交保藏单位出具的保藏证明和存活证明；期满未提交证明的，该样品视为未提交保藏；（二）在申请文件中，提供有关该生物材料特征的资料；（三）涉及生物材料样品保藏的专利申请应当在请求书和说明书中写明该生物材料的分类命名（注明拉丁文名称），保藏该生物材料样品的单位名称、地址，保藏日期和保藏编号；申请时未写明的，应当自申请日起4个月内补正；期满未补正的，视为未提交保藏。

  根据上述规定，选项A中的保藏日期晚于申请的优先权日，选项B中提交保藏证明和存活证明的日期晚于优先权日起4个月内，选项D中记载保藏信息的补正晚于优先权日起4个月内，故均视为未提交保藏。选项C由于申请人放弃了优先权，因而保藏日期满足在申请日前的要求，符合该法条的规定。

  综上，本题答案为：A、B、D。

43. 下列哪些情形构成相同或实质相同的外观设计？

   A. 形状、图案均相同的红色书包和绿色书包

   B. 形状、图案均相同的白色透明塑料杯与白色透明玻璃杯

   C. 图案、色彩均相同的长方体饼干桶和正方体饼干桶

   D. 形状、图案、色彩均相同的电话机与玩具电话，二者的内部结构不同

【答案】A B C

【知识点】外观设计实质相同

【解析】根据《专利审查指南2010》第四部分第五章第5.1.2节的规定，外观设计实质相同的判断仅限于相同或者相近种类的产品外观设计。相近种类的产品是指用途相近的产品。对于产品种类不相同也不相近的外观设计，不再进行涉案专利与对比设计是否实质相同的比较和判断，即可认定涉案专利与对比设计不构成实质相同。如果一般消费者经过对涉案专利与对比设计的整体观察可以看出，二者的区别仅属于下列情形，则涉案专利与对比设计实质相同：①其区别在于施以一般注意力不能察觉到的局部的细微差异；②其区别在于使用时不容易看到或者看不到的部位；③其区别在于将某一设计要素整体置换为该类产品的惯常设计的相应设计要素；④其区别在于将对比设计作为设计单元按照该种类产品的常规排列方式作重复排列或者将其排列的数量做增减变化；⑤其区别在于互为镜像对称。另外，《专利审查指南2010》第四部分第五章第5.2.6.3节中规定，单一色彩的外观设计仅作色彩改变，两者仍属于实质相同的外观设计。

选项A属于单一色彩的外观设计仅作色彩改变，均属于实质相同的外观设计；选项B，形状、图案、色彩均相同，玻璃杯与塑料杯的不同，属于常用材料的替换，二者应属于相同的外观设计；选项C属于将某一设计要素整体置换为该类产品的惯常设计的相应设计要素，均属于实质相同的外观设计；选项D，电话机与玩具电话的用途不同，二者不属于相同或者相近种类的产品，不论其形状、图案、色彩是否相同，都不会构成实质相同的外观设计。

综上，本题答案为：A、B、C。

44. 下列哪些情形属于涉案专利与现有设计或者现有设计特征的组合相比不具有明显区别？

   A. 涉案专利为蛋糕的外观设计，其设计模仿的是自然界青椒的原有形态

   B. 涉案专利为玩具汽车的外观设计，其形状、图案、色彩与现有甲壳虫汽车的形状、图案、色彩仅有细微差别

   C. 涉案专利为电饭煲的外观设计，其与申请日前已经公开销售的一款电饭煲仅在开盖按钮的形状设计上不同

   D. 涉案专利为盘子的外观设计，其形状与现有的一款盘子的形状相同，其边缘一圈图案与一款布料上的圆环形图案相同，图片显示盘子底色为浅黄色，图案为金色，但简要说明未声明请求保护的外观设计包含有色彩

【答案】A B C D

【知识点】不具有明显区别的情形

【解析】根据《专利审查指南2010》第四部分第五章第6节的规定，涉案专利与现有设计或者现有设计特征的组合相比不具有明显区别是指如下几种情形：①涉案专利与相同或者相近种类产品现有设计相比不具有明显区别；②涉案专利是由现有设计转用得到的，二者的设计特征相同或者仅有细微差别，且该具体的转用手法在相同或者相近种类产品的现有设计中存在启示；③涉案专利是由现有设计或者现有设计特征组合得到的，所述现有设计与涉案专利的相应设计部分相同或者仅有细微差别，且该具体的组合手法在相同或者相近种类产品的现有设计中存在启示。

选项A，模仿自然界青椒的原有形态的蛋糕的外观设计，属于单纯模仿自然物的原有形态得到的外观设计，明显存在转用手法的启示，与现有设计相比不具有明显区别，选项A正确。

选项B，"现有甲壳虫汽车"构成现有设计，将甲壳虫汽车的外观设计转用得到玩具的外观设计，且设计特征仅有细微差别，而由其他种类产品的外观设计转用得到的玩具的外观设计，属于明显存在转用手法的启示的情形，由此得到的外观设计与现有设计相比不具有明显区别，选项B正确。

选项C，"申请日前已经公开销售的一款电饭煲"构成现有设计，涉案专利与现有设计为相同种类产品，区别仅为开盖按钮的形状不同。该区别点相对于电饭煲整体而言属于局部细微变化，其对整体视觉效果不足以产生显著影响，二者不具有明显区别，选项C正确。

选项D，涉案专利未请求保护色彩，因此仅考察其形状与图案要素。其形状与现有设计的形状相同，图案与现有设计中的图案相同，属于将产品现有的形状设计与现有的图案设计通过直接拼合得到的外观设计，与现有设计特征的组合相比不具有明显区别，选项D正确。

综上，本题答案为：A、B、C、D。

45. 下列各图是一款电饭煲的外观设计专利申请的视图，已知主视图和立体图正确，下列哪些视图明显错误？

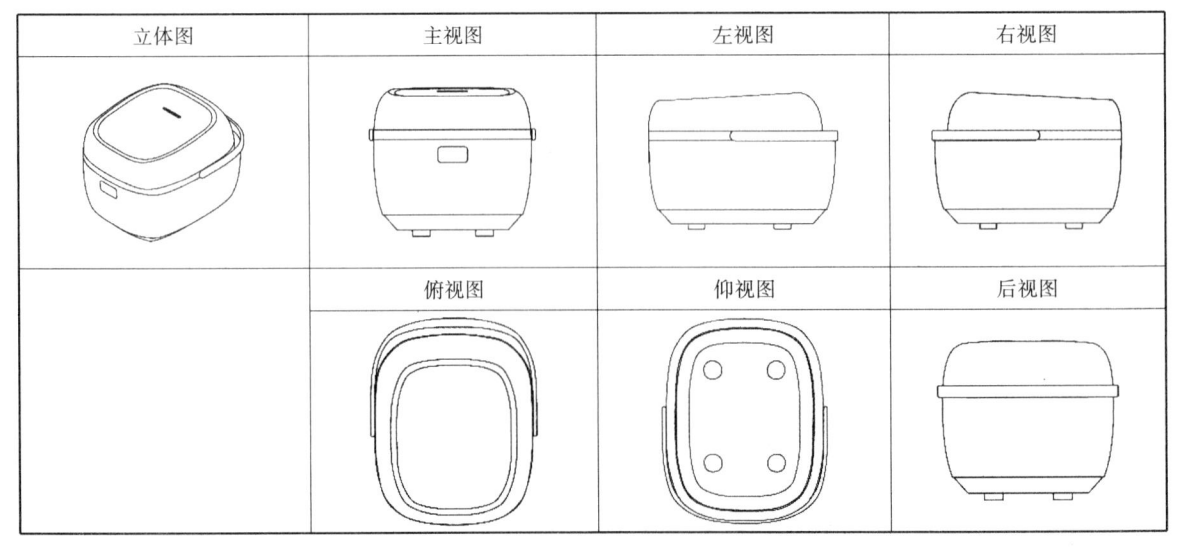

A. 左视图

B. 右视图

C. 俯视图

D. 仰视图

【答案】A B C

【知识点】外观设计图片或者照片的缺陷

【解析】《专利审查指南2010》第一部分第三章第4.2.4节规定了属于"图片或者照片的缺陷"的情形，比如视图投影关系有错误，例如，投影关系不符合正投影规则、视图之间的投影关系不对应或者视图方向颠倒。已知主视图和立体图正确，从主视图和立体图中电饭煲盖子部分前低后高以及提手的方向可知，左视图和右视图的视图名称应交换。在主视图和立体图中均可见的盖子顶部的横条状开口，在俯视图却未显示，俯视图明显错误。因此选项A、B、C中的视图存在明显错误。

综上，本题答案为：A、B、C。

46. 申请人对外观设计专利申请文件的下列哪些修改符合《专利法》第三十三条的规定？

A. 将左视图与右视图的视图名称交换

B. 将回转体的中心线删除

C. 将T恤衫胸前的文字图案与后背的卡通图案交换

D. 将仰视图镜像对称变换，使其与其他视图投影关系对应

【答案】A B D

【知识点】外观设计修改超范围

【解析】根据《专利法》第三十三条的规定，申请人对其外观设计专利申请文件的修改不得超出原图片或者照片表示的范围。视图名称错误、视图方向错误以及视图中有多余线条，属于外观设计的图片或者照片中常见的视图缺陷。因此，将左视图与右视图的视图名称交换、将回转体的中心线删除、将仰视图镜像对称变换使其与其他视图投影关系对应，属于克服视图形式缺陷的修改，未超出原图片或者照片表示的范围，符合《专利法》第三十三条的规定，所以，选项A、B、D正确。将T恤衫胸前的文字图案与后背的卡通图案交换，图案位置的改变，使得修改后的外观设计与申请日视图表示的外观设计构成不相同的外观设计，修改超出原图片或者照片表示的范围，选项C不正确。

综上，本题答案为：A、B、D。

47. 关于优先权，下列哪些说法是错误的？

A. 申请人要求外国优先权的，必须在提出专利申请的同时在请求书中声明并同时提交在先申请文件副本

B. 申请人要求外国优先权的，其在先申请文件副本中记载的申请人与在后申请的申请人完全不一致的，应当于在后申请之日起3个月内提交优先权转让证明，否则优先权不

成立

C. 申请人提出在后申请之前，其在先申请已被授予专利权的，本国优先权不能成立，申请人声明放弃已取得的在先申请专利权的情形除外

D. 申请人要求撤回优先权要求的，应当提交全体申请人或其代表人签字或者盖章的撤回优先权声明

【答案】ACD

【知识点】优先权 优先权的撤回

【解析】《专利法》第三十条规定，申请人要求优先权的，应当在申请的时候提出书面声明，并且在3个月内提交第一次提出的专利申请文件的副本；未提出书面声明或者逾期未提交专利申请文件副本的，视为未要求优先权。所以选项A的说法错误。

《专利审查指南2010》第一部分第一章第6.2.1.4节中规定，要求优先权的在后申请的申请人与在先申请文件副本中记载的申请人应当一致，或者是在先申请文件副本中记载的申请人之一。申请人完全不一致，且在先申请的申请人将优先权转让给在后申请的申请人的，应当在提出在后申请之日起3个月内提交由在先申请的全体申请人签字或者盖章的优先权转让证明文件。所以选项B的说法正确。

《专利审查指南2010》第一部分第一章第6.2.2.1节中规定，在先申请和要求优先权的在后申请应当符合下列规定：……（3）该在先申请的主题，尚未授予专利权。尽管申请人要求优先权时通过放弃被授权的在先申请的专利权来避免重复授权，但专利权的放弃并非自始视为放弃，而是自放弃声明手续合格通知书发文之日终止。这将导致该项发明创造的专利保护期自在先申请日之日始，至在后申请的申请日后10年（实用新型）或20年（发明）期满日止，导致专利保护期不合理的延长。因此，即便申请人放弃已经授权的在先申请的专利权，也不能享受优先权，所以选项C的说法错误。

《专利审查指南2010》第一部分第一章第6.2.3节中规定，申请人要求撤回优先权要求的，应当提交全体申请人签字或者盖章的撤回优先权声明。《专利审查指南2010》第一部分第一章第4.1.5节中规定，除直接涉及共有权利的手续外，代表人可以代表全体申请人办理在专利局的其他手续。直接涉及共有权利的手续包括：提出专利申请，委托专利代理，转让专利申请权、优先权或者专利权，撤回专利申请，撤回优先权要求，放弃专利权等。直接涉及共有权利的手续应当由全体权利人签字或者盖章，不可以由代表人办理。所以选项D的说法错误。

综上，本题答案为：A、C、D。

48. 李某与甲公司共同提出一份发明专利申请的同时，提出费用减缴请求，并指定李某为代表人，因甲公司不具有费减资格，国家知识产权局做出不予费减决定。则以下说法错误的是？

A. 李某与甲公司应当在指定期限内足额缴纳申请费及其他需要在受理程序中缴纳的费用，否则该申请将被视为撤回

B. 如果甲公司在下一年具备费减资格条件，对于尚未到期的费用，李某与甲公司可以在

相关收费缴纳期限届满日两个半月之前继续提出费用减缴请求

C. 在甲公司具备费减资格条件后，李某与甲公司继续提出费用减缴请求的，其在费用减缴请求书中只需填写甲公司的信息即可，并且无需再次提交李某的费减资格证明

D. 专利授权公告第二年李某与甲公司获得70%费减比例后，将该专利权转让给冯某和乙公司的，则冯某和乙公司可在费减年限内继续享有年费70%的费减比例，无需提出新的费用减缓请求

【答案】CD

【知识点】费用减缴的主体资格　减缴范围　手续办理

【解析】《专利法实施细则》第九十五条第一款规定，申请人应当自申请日起2个月内或者在收到受理通知书之日起15日内缴纳申请费、公布印刷费和必要的申请附加费；期满未缴纳或者未缴足的，其申请视为撤回。所以选项A的说法正确。

《专利收费减缴办法》第三条第二款规定，两个或者两个以上的个人或单位为共同专利申请人或者共有专利权人的，应当分别符合前款规定。该办法第五条规定，专利申请人或者专利权人只能请求减缴尚未到期的收费。减缴申请费的请求应当与专利申请同时提出，减缴其他收费的请求可以与专利申请同时提出，也可以在相关收费缴纳期限届满日两个半月之前提出。所以选项B的说法正确。

《专利收费减缴办法》第七条第一款规定，个人请求减缴专利收费的，应当在收费减缴请求书中如实填写本人上年度收入情况，同时提交所在单位出具的年度收入证明；无固定工作的，提交户籍所在地或者经常居所地县级民政部门或者乡镇人民政府（街道办事处）出具的关于其经济困难情况证明。该办法第九条规定，专利收费减缴请求有下列情形之一的，不予批准：……（四）收费减缴请求的个人或者单位未提供符合该办法第七条规定的证明材料的；（五）收费减缴请求书中的专利申请人或者专利权人的姓名或者名称，或者发明名称，与专利申请书或者专利登记簿中的相应内容不一致的。所以，选项C的说法错误，甲公司具备费减资格条件后，李某与甲公司继续提出费用减缴请求的，应当在费用减缴请求书中完整填写李某与甲公司的信息，并且提交李某与甲公司的费减资格证明。

《专利审查指南2010》第一部分第一章第6.7.3节中规定，申请人（或专利权人）全部变更的，变更后的申请人（或专利权人）未提出费用减缓请求的，不再予以费用减缓，审查员应当修改数据库中的费用减缓标记，并通知申请人（或专利权人）。所以选项D的说法错误。

综上，本题答案为：C、D。

49. 江苏某企业作为第一署名的申请人与国外某公司共同申请专利，由这家江苏企业通过其电子申请注册用户的权限以电子申请的方式提出专利申请，并指定其常驻上海的员工叶某为联系人。以下说法错误的是？

　　A. 由于共同申请人之一为国外公司，所以应当委托依法设立的专利代理机构提交专利申请

B. 由于该江苏企业为提交电子申请的电子申请用户，所以该江苏企业应当为共同专利申请的代表人

C. 代表人可以代表全体申请人办理涉及共有权利之外的其他手续，例如提出提前公开声明、提出实质审查请求、提交意见陈述书

D. 如果该国外公司在南京设有办事机构，则可以同时指定其办事机构的工作人员为第二联系人

【答案】A D

【知识点】委托代理 代表人 联系人

【解析】《专利审查指南2010》第一部分第一章第6.1.1节中规定，根据《专利法》第十九条第一款的规定，在中国内地没有经常居所或者营业所的外国人、外国企业或者外国其他组织在中国申请专利和办理其他专利事务，或者作为第一署名申请人与中国的申请人共同申请专利和办理其他专利事务的，应当委托专利代理机构办理。在本题中，该外国公司为第二署名的共同申请人，因此不需要委托代理机构办理。所以选项A的说法是错误的。

《专利审查指南2010》第五部分第十一章第2.1节规定，申请人有两人以上且未委托专利代理机构的，以提交电子申请的电子申请用户为代表人。所以选项B的说法是正确的。

《专利审查指南2010》第一部分第一章第4.1.5节中规定，除直接涉及共有权利的手续外，代表人可以代表全体申请人办理在专利局的其他手续。直接涉及共有权利的手续包括：提出专利申请，委托专利代理，转让专利申请权、优先权或者专利权，撤回专利申请，撤回优先权要求，放弃专利权等。直接涉及共有权利的手续应当由全体权利人签字或者盖章。由此可知，提出实质审查请求、提出提前公开请求、提交意见陈述书均不属于直接涉及共有权利的手续，所以选项C的说法是正确的。

《专利审查指南2010》第一部分第一章第4.1.4节中规定，联系人应当是本单位的工作人员，必要时审查员可以要求申请人出具证明。联系人只能填写一人。由此可知，联系人不能填写两人及两人以上，所以选项D的说法是错误的。

综上，本题答案为：A、D。

50. 某申请人于2017年4月19日向国家知识产权局提出一项发明专利申请A，并要求了其在2017年1月6日就相同主题提出的发明专利申请B作为该申请A的优先权，2017年7月12日该申请A经初步审查合格。以下说法正确的是？

A. 申请人未针对该发明专利申请A提出提前公开声明的，国家知识产权局应当于2018年7月6日公布该发明专利申请

B. 申请人在发明专利申请A的请求书中一并提出提前公开声明的，在2017年7月12日起进入公布准备阶段

C. 申请人提出提前公开声明的，只要该申请未公布，随时可以要求撤销提前公布声明

D. 发明专利申请公布的著录事项主要包括国际专利分类号、申请号、公布号（出版号）、申请日、优先权日、申请人事项、发明人、专利代理等事项

【答案】ＡＢＤ

【知识点】发明专利申请的公布 提前公布声明

【解析】《专利审查指南2010》第五部分第八章第1.2.1.1节中规定，发明专利申请经初步审查合格后，自申请日（有优先权的，为优先权日）起满15个月进行公布准备，并于18个月期满时公布。所以选项A的说法是正确的。

《专利审查指南2010》第一部分第一章第6.5节中规定，提前公布声明不符合规定的，审查员应当发出视为未提出通知书；符合规定的，在专利申请初步审查合格后立即进入公布准备。进入公布准备后，申请人要求撤销提前公布声明的，该要求视为未提出，申请文件照常公布。所以选项B的说法是正确的，选项C的说法是错误的。

《专利审查指南2010》第五部分第八章第1.2.1.1节中规定，发明专利申请公布的内容包括：著录事项、摘要和摘要附图，但说明书没有附图的，可以没有摘要附图。著录事项主要包括：国际专利分类号、申请号、公布号（出版号）、公布日、申请日、优先权事项、申请人事项、发明人事项、专利代理事项、发明名称等。所以选项D的说法是正确的。

综上，本题答案为：A、B、D。

51. 关于专利证书，以下说法正确的是?

　　A. 授予专利权时，专利证书上记载的内容与专利登记簿是一致的，在法律上具有同等效力

　　B. 一件专利有两名以上专利权人的，根据共同权利人的请求，国家知识产权局可以颁发专利证书副本，但颁发的专利证书副本数目不能超过共同权利人的总数

　　C. 专利证书损坏的，专利权人可以请求重新制作专利证书，专利权终止的除外

　　D. 因专利权的转移、专利权人更名发生专利权人姓名或者名称变更的，可以请求更换专利证书

【答案】ＡＢＣ

【知识点】专利证书的内容、副本及更换

【解析】《专利审查指南2010》第五部分第九章第1.3.2节中规定，授予专利权时，专利登记簿与专利证书上记载的内容是一致的，在法律上具有同等效力。所以选项A的说法是正确的。

《专利审查指南2010》第五部分第九章第1.2.2节中规定，一件专利有两名以上专利权人的，根据共同权利人的请求，专利局可以颁发专利证书副本。对同一专利权颁发的专利证书副本数目不能超过共同权利人的总数。因此，选项B的说法是正确的。

《专利审查指南2010》第五部分第九章第1.2.3节中规定，专利证书损坏的，专利权人可以请求更换专利证书。专利权终止后，专利局不再更换专利证书。因专利权的转移、专利权人更名发生专利权人姓名或者名称变更的，均不予更换专利证书。所以选项C的说法是正确的，选项D的说法是错误的。

综上，本题答案为：A、B、C。

52. 某申请人于 2017 年 8 月 25 日针对其所提发明专利申请提出撤回专利申请声明，2017 年 8 月 30 日国家知识产权局公布该申请，国家知识产权局于 2017 年 9 月 6 日针对该撤回专利申请声明发出手续合格通知书，并于 2017 年 10 月 18 日对撤回专利申请声明进行公告。以下说法哪些是错误的？

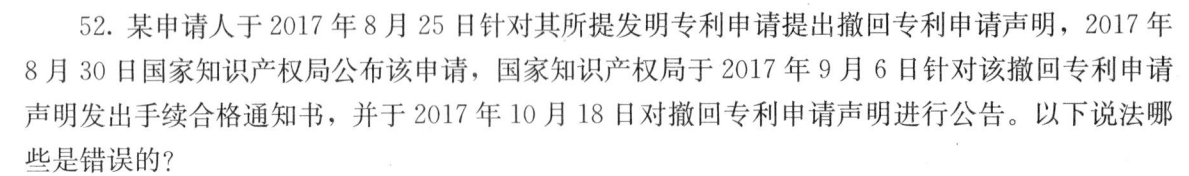

    A. 撤回专利申请的生效日为 2017 年 9 月 6 日

    B. 撤回专利申请的生效日为 2017 年 10 月 18 日

    C. 撤回专利申请的声明是在专利申请公布前提出的，所以国家知识产权局不应当公布该申请

    D. 国家知识产权局对该撤回专利申请的声明作出审查结论前，该公司有权随时撤回该声明

【答案】BCD

【知识点】撤回专利申请

【解析】《专利审查指南 2010》第一部分第一章第 6.6 节中规定，撤回专利申请的生效日为手续合格通知书的发文日。所以选项 A 的说法正确的，选项 B 的说法是错误的。

《专利法实施细则》第三十六条第二款规定，撤回专利申请的声明在国务院专利行政部门作好公布专利申请文件的印刷准备工作后提出的，申请文件仍予公布；但是，撤回专利申请的声明应当在以后出版的专利公报上予以公告。所以选项 C 的说法是错误的。

《专利审查指南 2010》第一部分第一章第 6.6 节中规定，申请人无正当理由不得要求撤销撤回专利申请的声明；但在申请权非真正拥有人恶意撤回专利申请后，申请权真正拥有人（应当提交生效的法律文书来证明）可要求撤销撤回专利申请的声明。所以选项 D 的说法是错误的。

综上，本题答案为：B、C、D。

53. 关于发明人变更，以下说法错误的是？

    A. 甲公司员工张某、李某和赵某共同做出一项职务发明创造并由甲公司提出发明专利申请，该申请公布 2 个月后赵某通过国家知识产权局网站查询到其未记载在发明人之中，甲公司可以以漏填发明人赵某为由向国家知识产权局提出著录项目变更请求

    B. 乙公司员工王某、刘某共同做出一项职务发明创造并由乙公司提出专利申请，该申请进入办理授权登记手续阶段时，乙公司与王某、刘某共同商议拟通过著录项目变更的方式在专利证书上增加仅负责组织工作的孙某为共同发明人

    C. 丙公司在提交专利申请时因经办人书写错误，将发明人傅某的名字写错，拟通过著录项目变更的方式对发明人进行更正

    D. 钱某在将其所拥有的一项发明专利申请转让给周某时，除提出变更专利申请人的请求之外，还可以请求将该专利申请的发明人变更为从未参与本发明创造的周某

【答案】BD

【知识点】发明人 著录项目变更

【解析】《专利审查指南2010》第一部分第一章第6.7.2.3节中规定，因漏填或者错填发明人提出变更请求的，应当提交由全体申请人（或专利权人）和变更前全体发明人签字或者盖章的证明文件。同时，参照《专利审查指南2010》第一部分第一章第6.7.2.1节规定，个人因填写错误提出变更请求的，应当提交本人签字或者盖章的声明及本人的身份证明文件。所以选项A和选项C的做法无误。

根据《专利法实施细则》第十三条规定，《专利法》所称发明人或者设计人，是指对发明创造的实质性特点作出创造性贡献的人。在完成发明创造过程中，只负责组织工作的人、为物质技术条件的利用提供方便的人或者从事其他辅助工作的人，不是发明人或者设计人。所以该题选项B中的孙某、选项D中的周某均非发明人，其做法是错误的。

综上，本题答案为：B、D。

54. 以下哪些情形，行政复议机构应当决定撤销该具体行政行为？

A. 超越职权

B. 主要事实不清，证据不足

C. 行政复议申请人死亡

D. 申请人与被申请人经行政复议机构批准达成和解

【答案】A B

【知识点】行政复议的审理与决定

【解析】《国家知识产权局行政复议规程》第二十三条规定，具体行政行为有下列情形之一的，应当决定撤销、变更该具体行政行为或者确认该具体行政行为违法，并可以决定由被申请人重新作出具体行政行为：（一）主要事实不清，证据不足的；（二）适用依据错误的；（三）违反法定程序的；（四）超越或者滥用职权的；（五）具体行政行为明显不当的；（六）出现新证据，撤销或者变更原具体行政行为更为合理的。故选项A、B正确。

在行政复议过程中，作为申请人的自然人死亡，其近亲属尚未确定是否参加行政复议的，行政复议中止。行政复议中止的原因消除后，应当及时恢复行政复议案件的审理。如果作为申请人的自然人死亡，没有近亲属或者其近亲属放弃行政复议权利的，行政复议终结。申请人与被申请人经行政复议机构批准达成和解的，行政复议终结。故选项C、D错误。

综上，本题答案为：A、B。

55. 关于优先审查，以下说法错误的是？

A. 专利申请人或者复审请求人已经做好实施准备或者已经开始实施，或者有证据证明他人正在实施其发明创造的，属于可以请求优先审查的情形之一

B. 处理、审理涉案专利侵权纠纷的地方知识产权局、人民法院或者仲裁调解组织可以对无效宣告案件提出优先审查请求

C. 申请人提出发明或者实用新型专利申请优先审查的，必须提交由国务院相关部门或者

省级知识产权局签署推荐意见的优先审查请求书和现有技术材料

D. 对于优先审查的发明或者实用新型专利申请，申请人应当在审查意见通知书发文日起2个月内进行答复，否则将停止优先审查并按普通程序处理

【答案】CD

【知识点】优先审查

【解析】《专利优先审查管理办法》[国家知识产权局令（第七十六号）]第三条第（四）项规定，专利申请人或者复审请求人已经做好实施准备或者已经开始实施，或者有证据证明他人正在实施其发明创造的，属于提出优先审查的情形。这是相对于2012年施行的《发明专利申请优先审查管理办法》的主要变化之一。所以选项A的说法正确。

《专利优先审查管理办法》第五条第二款规定，处理、审理涉案专利侵权纠纷的地方知识产权局、人民法院或者仲裁调解组织可以对无效宣告案件提出优先审查请求。所以选项B的说法正确。

《专利优先审查管理办法》第八条第一款规定，申请人提出发明、实用新型、外观设计专利申请优先审查请求的，应当提交优先审查请求书、现有技术或者现有设计信息材料和相关证明文件；除该办法第三条第（五）项规定的情形外，优先审查请求书应当由国务院相关部门或者省级知识产权局签署推荐意见。该办法第三条第（五）项规定，就相同主题首次在中国提出专利申请又向其他国家或者地区提出申请的该中国首次申请，属于提出优先审查的情形。依据该规定，就相同主题首次在中国提出专利申请又向其他国家或地区提出申请的该中国首次申请的优先审查请求无须提供由国务院相关部门或者省级知识产权局签署的推荐意见。所以选项C的说法错误。

《专利优先审查管理办法》第十一条规定，对于优先审查的申请，申请人应当尽快作出答复或者补正。申请人答复发明专利审查意见通知书的期限为通知书发文日起2个月，申请人答复实用新型和外观设计专利审查意见通知书的期限为通知书发文日起15日。所以选项D的说法错误。

综上，本题答案为：C、D。

56. 关于非正常申请专利行为的说法，正确的是？

A. 同一单位或者个人提交多件不同材料、组分、配比、部件等简单替换或者拼凑的专利申请，属于非正常申请专利的行为

B. 同一单位或者个人提交多件实验数据或者技术效果明显编造的专利申请，属于非正常申请专利的行为

C. 对于非正常申请专利的行为情节严重的，自本年度起五年内不予资助或者奖励

D. 通过非正常申请专利的行为骗取资助和奖励，情节严重构成犯罪的，依法移送有关机关追究刑事责任

【答案】ABCD

【知识点】非正常申请专利的行为

【解析】根据2017年2月28日公布的国家知识产权局令（第七十五号）修改后的《关于

规范专利申请行为的若干规定》第三条的规定，该规定所称非正常申请专利的行为是指：……（三）同一单位或者个人提交多件不同材料、组分、配比、部件等简单替换或者拼凑的专利申请；（四）同一单位或者个人提交多件实验数据或者技术效果明显编造的专利申请；……。所以选项A和选项B的说法正确。

根据修改后的《关于规范专利申请行为的若干规定》第四条规定，对非正常申请专利的行为，除依据《专利法》及其实施细则的规定对提交的专利申请进行处理之外，可以视情节采取下列处理措施：……（四）各级知识产权局不予资助或者奖励；已经资助或者奖励的，全部或者部分追还；情节严重的，自本年度起5年内不予资助或者奖励；……（六）通过非正常申请专利的行为骗取资助和奖励，情节严重构成犯罪的，依法移送有关机关追究刑事责任。所以选项C和选项D的说法正确。

综上，本题答案为：A、B、C、D。

57. 某申请日为2017年10月11日的中国发明专利申请X中，要求保护技术方案A1和A2，该申请优先权日为2016年10月11日，且优先权文本中仅记载了技术方案A1。审查部门检索到一篇申请日2016年9月23日、公开日2017年9月6日的中国发明专利申请，其中公开了技术方案A1和A2。则下列说法正确的是？

    A. 该对比文件构成了申请X中技术方案A1的抵触申请
    B. 该对比文件构成了申请X中技术方案A2的抵触申请
    C. 该对比文件构成申请X中技术方案A1的现有技术
    D. 该对比文件构成申请X中技术方案A2的现有技术

【答案】AD

【知识点】部分优先权　现有技术　抵触申请

【解析】在该题中，技术方案A1记载在优先权文件中，因此技术方案A1优先权日（2016年10月11日）成立。对比文件的申请日2016年9月23日早于前述优先权日，公开日2017年9月6日晚于前述优先权日，且其为中国发明专利申请，故构成了技术方案A1的抵触申请。技术方案A2不享有优先权，因此技术方案A2的申请日为申请提交日（2017年10月11日）。对比文件的公开日2017年9月6日早于技术方案A2的申请日，构成了技术方案A2的现有技术。

因此，本题答案为：A、D。

58. 关于不丧失新颖性的宽限期，下列说法错误的是？

    A. 如果申请人在中国政府主办的国际展会上首次展出其发明创造后6个月内在中国提出首次专利申请，之后又希望基于该首次专利申请作为国内优先权基础提出一份在后中国专利申请，则该在后中国专利申请的申请日应不晚于其首次展出后12个月
    B. 《专利法》第二十四条有关宽限期规定中所述的"首次展出""首次发表"是指在申请日以前的6个月内仅允许申请人将其发明创造以《专利法》第二十四条所规定的方式

展出或发表一次，不允许申请人在上述期限内多次发表或展出的情形

C. 申请人将其发明创造在中国政府主办的国际展览会上首次展出后，他人在该展会获得了该发明创造的信息，进而在宽限期内在出版物上公开发表了该发明创造的，将导致该申请丧失新颖性

D. 申请人作出的《专利法》第二十四条中规定的不丧失新颖性的公开行为，不能作为现有技术评价该申请人在宽限期内所提交专利申请请求保护的相似技术方案的创造性

【答案】ＡＢ

【知识点】不丧失新颖性的宽限期

【解析】《专利审查指南2010》第二部分第三章第5节中规定，申请专利的发明创造在申请日以前6个月内，发生《专利法》第二十四条规定的三种情形之一的，该申请不丧失新颖性。即这三种情况不构成影响该申请的现有技术。所说的6个月期限，称为宽限期，或者称为优惠期。宽限期和优先权的效力是不同的。我国允许申请人同时享有宽限期和优先权。《专利法实施细则》第十一条第一款规定，除《专利法》第二十八条和第四十二条规定的情形外，《专利法》所称的申请日，有优先权的，指优先权日。因此，《专利法》第二十四条规定的宽限期的起算日期，有优先权的，指优先权日之前6个月内。《专利法》第二十四条规定的行为发生日不构成优先权日。故选项A的说法是错误的。

《专利法》第二十四条规定的"首次"，仅仅是规定"首次"作出上述行为时应在申请日前6个月内，并不排除申请人在上述期限内多次作出上述行为。因此选项B的说法错误。

《专利审查指南2010》第一部分第一章第6.3.3节中规定，他人未经申请人同意而泄露其内容所造成的公开，包括他人未遵守明示或者默示的保密信约而将发明创造的内容公开，也包括他人用威胁、欺诈或者间谍活动等手段从发明人或者申请人那里得知发明创造的内容而后造成的公开。可见，"他人未经申请人同意而泄露其内容"应当符合如下两个条件：（1）他人公开的发明创造是直接或间接地从申请人那里获知的，包括合法方式和非法方式；（2）他人公开发明创造的行为违背了申请人的意愿。当他人以非法方式获知发明创造的情况下，其公开发明创造的行业违背申请人的意愿是不言自明的。

选项C中，虽然他人公开的发明创造是直接从申请人那里获的，但其方式是通过参加展览这种合法方式。此外，最关键的是，申请人自己的公开行为导致其发明创造被他人所知。其在国际展览会上展出的行为表明申请人无意使其发明创造处于保密状态，因此他人通过合法方式得知该发明创造后，再予以公开的行为无须经申请人同意，也谈不上什么"泄露"。选项C中他人的公开行为并不属于"他人未经申请人同意而泄露其内容"的情形，因此选项C的说法正确。

在上述规定中，不损害该专利申请新颖性和创造性的公开、已成为现有技术、不视为影响其新颖性和创造性的现有技术这些表述表明，虽然习惯上采用"不丧失新颖性"的说法，但《专利法》第二十四条中规定的公开行为，既不能用于评述随后申请的发明创造的新颖性，也不能用于评述其创造性。这可以从宽限期保护申请人利益的立法本意上进行理解。因此选项D的说法正确。

综上，本题答案为：A、B。

59. 某申请人在12个月内向国家知识产权局先后提交了2份申请请求保护一种可燃气体，其中两份申请的区别仅在于记载的可燃气体中的氧气体积含量不同，其他特征相同，且该在先申请是申请人在中国的首次申请。则以下情况中，在后申请可以要求享有在先申请的优先权的是？

  A. 在先申请权利要求的氧气体积含量为20%～50%，在后申请权利要求的氧气体积含量为30%～60%。但在先申请既没有记载氧气含量范围为50%～60%，也没明确记载氧气含量为30%

  B. 在先申请权利要求的氧气体积含量为20%～50%并在说明书记载了氧气体积含量可以为30%，在后申请权利要求的氧气体积含量为30%～50%

  C. 在先申请权利要求的氧气体积含量为20%～50%并在说明书记载了氧气体积含量可以为30%、35%，在后申请权利要求的氧气体积含量分别为30%、35%、50%

  D. 在先申请权利要求的氧气体积含量分别为20%、50%，但在该在先申请的说明书中没有记载氧气含量为20%～50%的范围内的技术方案，在后申请权利要求的氧气体积含量为20%～50%

【答案】B C

【知识点】优先权的判断

【解析】根据《专利法》第二十九条及《专利审查指南2010》第二部分第三章第4.2.1节的规定，申请人自发明在中国第一次提出专利申请之日起12个月之内，又向国务院专利行政部门就相同主题提出专利申请的，可以享有优先权。如果在后申请与在先申请的技术方案在表达上的不同仅仅是简单的文字变换，或者在后申请的技术方案是能够从在先申请中直接和毫无疑义地确定的技术内容，则两者也属于相同主题的发明创造。

选项A中，在后申请的氧气含量范围（30%～60%）与在先申请氧气含量范围（20%～50%）仅仅是部分重叠，在先申请并没有记载氧气含量范围为50%～60%，也没明确记载氧气含量为30%，因而不能由在先申请直接和毫无疑义地确定氧气含量范围为30%～60%的技术方案，在后申请不能享受在先申请的优先权。

选项B中，在先申请虽然没有明确记载氧气含量范围为30%～50%，但由于在先申请记载了氧气含量范围为20%～50%，并且还记载了氧气含量可以是30%，由在先申请可以直接和毫无疑义地确定氧气含量范围可以是30%～50%，因此在后申请可以享受在先申请的优先权。

选项C中，在先申请已记载了30%、35%两个点值和50%这个端点，因此在后申请可以享受在先申请的优先权。

选项D中，在先申请没有记载氧气含量为20%～50%的范围内的技术方案，并且也不能从在先申请中直接和毫无疑义地确定这一技术方案，因此在后申请不能享受在先申请的优先权。

综上，本题答案为：B、C

60. 有关会晤，下列说法正确的是？
　A. 会晤应当是在审查员已发出第一次审查意见通知书之后进行
　B. 审查员可以根据案情需要约请申请人会晤，申请人也可以要求会晤
　C. 除非另有声明或者委托了代理机构，共有专利申请的单位或者个人都应当参加会晤
　D. 申请人委托了专利代理机构的，会晤必须有代理人参加

【答案】ABCD
【知识点】举行会晤的条件　会晤参加人
【解析】《专利审查指南2010》第二部分第八章第4.12.1节和第4.12.2节对有关会晤的内容作了规定。举行会晤的条件是：（1）审查员已发出第一次审查意见通知书；并且（2）申请人在答复审查意见通知书的同时或者之后，提出了会晤要求，或者审查员根据案情的需要向申请人发出了约请。选项A、B的说法是正确的。

关于会晤参加人，《专利审查指南2010》第二部分第八章第4.12.2节中规定，申请人委托了专利代理机构的，会晤必须有代理人参加。申请人没有委托专利代理机构的，申请人应当参加会晤；申请人是单位的，由该单位指定的人员参加，该参加会晤的人员应当出示证明其身份的证件和单位出具的介绍信。上述规定也适用于共同申请人。除非另有声明或者委托了代理机构，共有专利申请的单位或者个人都应当参加会晤。选项C、D的说法是正确的。

综上，本题答案为A、B、C、D。

61. 以下哪些情况属于不允许的修改？
　A. 原申请文件仅记载了弹簧，将其修改为原申请说明书或权利要求书中未记载的"弹性部件"
　B. 原申请文件仅记载了较高的温度，将其修改为原申请说明书或权利要求书中未记载的"大于200℃"
　C. 将说明书中对某一技术特征的具体描述补充到权利要求对应的技术特征部分中
　D. 将不同实施例的内容进行组合得到没有记载在原申请文件的新技术方案

【答案】ABD
【知识点】不允许的改变
【解析】《专利审查指南2010》第二部分第八章第5.2.3.2节中规定，不能允许的改变内容的修改，包括下述几种。（1）改变权利要求中的技术特征，超出了原权利要求书和说明书记载的范围。例如，原权利要求涉及制造橡胶的成分，不能将其改成制造弹性材料的成分，除非原说明书已经清楚地指明。选项A与该例子相似，因此不允许这样的修改。（2）由不明确的内容改成明确具体的内容而引入原申请文件中没有的新内容。例如，一件有关合成高分子化合物的发明专利申请，原申请文件中只记载在"较高的温度"下进行聚合反应。当申请人看到审查员引证的一份对比文件中记载了在40℃下进行同样的聚合反应后，将原说

明书中"较高的温度"改成"高于40℃的温度"。虽然"高于40℃的温度"的提法包括在"较高的温度"范围内，但是，所属技术领域的技术人员，并不能从原申请文件中理解到"较高的温度"是指"高于40℃的温度"。因此，这种修改引入了新内容。选项B与该例子相似，因此不允许这样的修改。

选项C所修改的内容已经记载在原说明书，因此允许以说明书为依据，对权利要求的技术方案进行进一步限定。选项C的修改是允许的。

选项D中，将不同实施例的内容进行组合得到没有记载在原申请文件的新技术方案，这属于一种新的组合。该方案不属于原说明书和权利要求书文字记载的内容，也不能根据原说明书和权利要求书文字记载的内容以及说明书附图直接地、毫无疑义地确定。因此，该修改超出了原说明书和权利要求书记载的范围，这样的修改不符合《专利法》第三十三条的规定。选项D的修改是不允许的。

综上，本题答案为：A、B、D。

62. 实审程序中，关于申请文件中数值范围的修改，以下说法错误的是？

A. 原权利要求中的数值范围是20～90，原说明书中还记载了特定数值40、60、80，可以允许申请人将其修改为20～40或者60～80的数值范围

B. 原权利要求中的数值范围是40～90，原说明书中还记载了特定数值20、60、80，可以允许申请人将其修改为20～60或者80～90的数值范围

C. 原始文本中记载了数值为20和60的点值，允许申请人将其修改为20～60的数值范围

D. 原权利要求中记载了60～90的数值范围，原说明书中还记载了特定数值30，可以允许申请人将其修改成为30～90这一数值范围

【答案】BCD

【知识点】数值范围的修改

【解析】《专利审查指南2010》第二部分第八章第5.2.2.1节中规定，对于含有数值范围技术特征的权利要求中数值范围的修改，只有在修改后数值范围的两个端值在原说明书和/或权利要求书中已确实记载且修改后的数值范围在原数值范围之内的前提下，才是允许的。例如，权利要求的技术方案中，某温度为20～90℃，对比文件公开的技术内容与该技术方案的区别是其所公开的相应的温度范围为0～100℃，该文件还公开了该范围内的一个特定值40℃，因此，审查员在审查意见通知书中指出该权利要求无新颖性。如果发明专利申请的说明书或者权利要求书还记载了20～90℃范围内的特定值40℃、60℃和80℃，则允许申请人将权利要求中该温度范围修改成60～80℃或者60～90℃。因此，选项A的修改是允许的，而选项B、C、D的修改是不允许的。

综上，本题答案为：B、C、D。

63. 对于PCT国际申请在国际申请阶段或进入中国国家阶段申请人所做的修改，以下哪些是允许的？

A. 申请人自国际检索单位向申请人和国际局传送国际检索报告之日起 2 个月，或者自优先权日起 16 个月向国际检索单位提交的权利要求书、说明书及附图的修改替换页

B. 申请人在提交国际初审请求书时，向国际初审单位提交的权利要求书、说明书及附图的修改替换页

C. 申请人在国际初审单位传送专利性国际初步报告制定之前，向国际初审单位提交的权利要求书、说明书及附图的修改替换页

D. 申请人在该 PCT 申请进入中国国家阶段时，提交的权利要求书、说明书及附图的修改替换页

【答案】BCD

【知识点】《专利合作条约》允许的修改

【解析】根据《专利合作条约》第 19 条及《专利合作条约实施细则》第 46.1 条的规定，申请人自国际检索单位向申请人和国际局传送国际检索报告之日起 2 个月，或者自优先权日起 16 个月，以在后届满的期限为准，可以修改权利要求书，但不能修改说明书及附图。因此选项 A 错误。

根据《专利合作条约》第 34 条的规定，申请人在提交初审请求书时或至专利性国际初步报告制定之前，可以修改的权利要求书、说明书及附图。故选项 B、C 正确。

根据《专利合作条约》第 28 条或第 41 条的规定，PCT 申请进入中国国家阶段时，申请人可以修改权利要求书、说明书及附图。故选项 D 的说法正确。

综上，本题答案为：B、C、D。

64. 国际申请进入中国国家阶段后被授予专利权，下列说法正确的是？

A. 由于译文错误，致使授权的权利要求书确定的保护范围超出国际申请原文所表达的范围的，应以授权时的保护范围为准

B. 由于译文错误，致使授权的权利要求书确定的保护范围超出国际申请原文所表达的范围的，应依据原文限制后的保护范围为准

C. 由于译文错误，致使授权的权利要求书确定的保护范围小于国际申请原文所表达的范围的，应以授权时的保护范围为准

D. 由于译文错误，致使授权的权利要求书确定的保护范围小于国际申请原文所表达的范围的，应以原文的保护范围为准

【答案】BC

【知识点】译文错误时专利权保护范围的确定

【解析】《专利法实施细则》第一百一十七条规定，基于国际申请授予的专利权，由于译文错误，致使依照《专利法》第五十九条规定确定的保护范围超出国际申请的原文所表达的范围的，以依据原文限制后的保护范围为准；致使保护范围小于国际申请的原文所表达的范围的，以授权时的保护范围为准。选项 B、C 为法条原文，因此选项 B、C 的说法正确，选项 A、D 的说法错误。

综上，本题答案为：B、C。

65. 一件国际申请日为 2016 年 3 月 23 日的 PCT 国际申请，在国际阶段提出了多项优先权要求，经审查合格后确定的优先权信息（优先权日为 2015 年 2 月 23 日）记载在该申请国际公布文本的扉页上，该 PCT 国际申请进入中国国家阶段后，以下说法正确的是？

  A. 进入中国国家阶段的声明中写明的在先申请信息应当与该申请国际公布文本扉页中的记载一致，除非国际局曾向国家知识产权局传送通知书以表明所涉及的优先权要求已经失去效力

  B. 申请人认为国际阶段的优先权书面声明中某一事项存在书写错误的，可以在进入中国国家阶段的同时或自进入之日起 2 个月内提出改正请求

  C. 在国际阶段中，要求优先权声明的填写符合规定，但由于未在规定期限内缴纳或缴足优先权要求费，而使其中要求的一项优先权被视为未要求，申请人可以在进入国家阶段后请求恢复该项优先权

  D. 申请人在国际阶段没有提供在先申请的申请号的，应当在进入声明中写明

【答案】Ａ Ｂ Ｄ

【知识点】进入国家阶段的 PCT 国际申请的优先权要求

【解析】《专利审查指南 2010》第三部分第一章第 5.2.1 节中规定，申请人应当在进入声明中准确地写明其在先申请的申请日、申请号及原受理机构名称。除下段所述情况外，写明的内容应当与国际公布文本扉页中的记载一致。审查员发现不一致时，可以以国际公布文本扉页中记载的内容为依据，依职权改正进入声明中的不符之处，并及时通知申请人。国际局曾经向专利局传送的"撤回优先权要求通知书"或"优先权要求被认为未提出通知书"中所涉及的优先权要求应认为已经失去效力，不应写入进入声明中。因此选项 A 正确。

申请人认为在国际阶段提出的优先权书面声明中某一事项有书写错误，可以在办理进入国家阶段手续的同时或者自进入日起 2 个月内提出改正请求。故选项 B 的说法是正确的。

申请人在国际阶段没有提供在先申请的申请号的，应当在进入声明中写明。不符合规定的，审查员应当发出办理手续补正通知书，期满未答复或者补正后仍不符合规定的，审查员应当针对该项优先权要求发出视为未要求优先权通知书。故选项 D 正确。

《专利审查指南 2010》第三部分第一章第 5.2.5 节中规定，国际申请在进入国家阶段后，由于下述情形之一导致视为未要求优先权的，可以根据《专利法实施细则》第六条的规定请求恢复要求优先权的权利：……（4）要求优先权声明填写符合规定，但未在规定期限内缴纳或缴足优先权要求费。选项 C 符合此规定。但是还需要注意的是，该国际申请的国际申请日 2016 年 3 月 23 日在 2015 年 2 月 23 日这一优先权日起的 12 个月至 14 个月之间，《专利审查指南 2010》第三部分第一章第 5.2.1 节中明确指出，中国对《专利合作条约》及其实施细则的有关规定作出保留，相应的优先权在中国不发生效力。因此 C 错误，不能进行优先权的恢复。

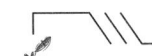

综上，本题答案为：A、B、D。

66. 关于国际检索，下列说法正确的是？
   A. 国际检索只能是在原始国际申请文件的基础上进行的
   B. 如果在国际公布的技术准备工作完成前，国际局已得到国际检索报告，国际检索报告将随申请文件一起进行国际公布
   C. 国际检索单位作出的书面意见随申请文件一起进行国际公布
   D. 申请日为2015年2月1日的国际申请（未要求优先权），国际检索单位收到检索本的2015年3月1日，则完成国际检索报告及书面意见的期限为2015年11月1日

【答案】A B C D

【知识点】国际检索的文本　国际检索报告和书面意见的公布　作出国际检索报告和书面意见的期限

【解析】在国际阶段的修改包括按照《专利合作条约》第19条或第34条进行的修改。《专利合作条约》第19条规定，申请人在收到国际检索报告后，有权享受一次机会，在规定的期限内对国际申请的权利要求向国际局提出修改。《专利合作条约》第34条规定，在国际初步审查报告作出之前，申请人有权依规定的方式，并在规定的期限内修改权利要求书、说明书和附图。根据上述规定可以看出，这两个修改的发生时间都在国际检索之后，可知国际检索是在原始国际申请文件的基础上进行的，因此选项A正确。

《专利合作条约实施细则》第48.2条明确了国际公布包含的内容，国际检索报告应当予以公布。如果在国际公布技术准备完成之前，国际局尚未收到国际检索报告，国际检索报告将随后进行公布，因此选项B正确。

《专利合作条约实施细则》在2005年进行修订时，将原来第44条之三有关书面意见的保密性的规定予以删除，因此，按现行《专利合作条约实施细则》的规定，选项C正确。

作出国际检索报告和书面意见的期限是：自国际检索单位收到检索本起3个月，或自优先权日起9个月（没有优先权日的，则指申请日），以后到期的为准。选项D中，2015年3月1日收到检索本，3个月后则为2015年6月1日，申请日为2015年2月1日，9个月后为2015年11月1日，以后到期的为准，则作出国际检索报告和书面意见的期限是2015年11月1日。因此选项D正确。

综上，本题答案为：A、B、C、D。

67. 关于复审请求审查决定，以下说法中正确的是？
   A. 驳回决定适用法律错误的，合议组将作出撤销原驳回决定的复审决定
   B. 驳回理由缺少必要的证据支持的，合议组将作出撤销原驳回决定的复审决定
   C. 驳回决定以申请人放弃的申请文本或者不要求保护的技术方案为依据的，合议组将作出撤销原驳回决定的复审决定
   D. 驳回决定没有评价申请人提交的与驳回理由有关的证据，以致可能影响公正审理的，

合议组将作出撤销原驳回决定的复审决定

【答案】A B C D

【知识点】复审决定的类型

【解析】《专利审查指南2010》第四部分第二章第5节规定，复审请求审查决定（简称复审决定）分为下列三种类型：……（2）复审请求成立，撤销驳回决定。……上述第（2）种类型包括下列情形：（i）驳回决定适用法律错误的；（ii）驳回理由缺少必要的证据支持的；（iii）审查违反法定程序的，例如，驳回决定以申请人放弃的申请文本或者不要求保护的技术方案为依据；在审查程序中没有给予申请人针对驳回决定所依据的事实、理由和证据陈述意见的机会；驳回决定没有评价申请人提交的与驳回理由有关的证据，以致可能影响公正审理的；（iv）驳回理由不成立的其他情形。因此，选项A、B、C、D的说法都正确。

综上，本题答案为：A、B、C、D。

68. 甲于2018年7月24日针对乙的某项发明专利权向专利复审委员会提出无效宣告请求。乙对其专利文件进行修改的下列情形，哪些是正确的?

A. 甲于2018年8月28日向专利复审委员会提交了新的日本专利文献，乙应当在收到该文献后，对独立权利要求作出进一步限缩性修改

B. 针对甲的无效宣告请求，乙在答复期限内对说明书作出修改

C. 针对甲于2018年8月22日补充提交的无效理由和证据，乙在答复期限内对该无效理由和证据涉及的独立权利要求作出进一步限缩性修改

D. 口头审理进行中，乙首次提出删除两项权利要求

【答案】C D

【知识点】修改方式的限制［国家知识产权局令（第七十四号）修正］

【解析】根据《专利法实施细则》第六十七条的规定，请求人可以在提出无效宣告请求之日起1个月内增加理由或者补充证据。选项A中甲提交日本专利文献的日期超出了其提出无效宣告请求之日起1个月内的期限，专利复审委员会不予考虑，乙也无须对权利要求作出进一步限定式修改。故选项A错误。

《专利法实施细则》第六十九条规定，在无效宣告请求的审查过程中，发明或者实用新型专利的专利权人可以修改其权利要求书，但是不得扩大原专利的保护范围。发明或者实用新型专利的专利权人不得修改专利说明书和附图，外观设计专利的专利权人不得修改图片、照片和简要说明。故选项B错误。

国家知识产权局令（第七十四号）针对《专利审查指南2010》第四部分第三章第4.6.3节规定进行了修正。依据修正后的规定，在专利复审委员会作出审查决定之前，专利权人可以删除权利要求或者权利要求中包括的技术方案。仅在下列三种情形的答复期限内，专利权人可以以删除以外的方式修改权利要求书：（1）针对无效宣告请求书；（2）针对请求人增加的无效宣告理由或者补充的证据；（3）针对专利复审委员会引入的请求人未提及的无效宣告理由或者证据。可见，专利权人仅可在上述三种情形的答复期限内以删除以外的方式修改权

利要求书，除此以外在专利复审委员会作出审查决定之前，仅可以删除的方式修改权利要求书。故选项C和D正确。

综上，本题答案为：C、D。

69. 无效宣告请求人在提出无效宣告请求时提交了买卖合同和产品使用说明书，在之后的1个月内补充提交了日本出版的专业期刊文献的复印件及其中文译文。两个月后的口头审理中，请求人当庭提交了机械工业出版社出版的《机械设计制造大辞典》、前述提交过的日本出版的专业期刊原件及其公证认证文书、美国专利文献及其中文译文。专利复审委员会对请求人提交的下列哪些证据会予以考虑？

  A. 请求人口头审理之前提交的买卖合同和产品使用说明书
  B. 请求人口头审理中提交的机械工业出版社出版的《机械设计制造大辞典》
  C. 请求人口头审理中提交的日本出版的专业期刊原件及其公证认证文书
  D. 请求人口头审理中提交的美国专利文献及其中文译文

【答案】A B C
【知识点】无效程序的证据提交
【解析】《专利审查指南2010》第四部分第三章第4.3.1节规定，(1)请求人在提出无效宣告请求之日起1个月内补充证据的，应当在该期限内结合该证据具体说明相关的无效宣告理由，否则，专利复审委员会不予考虑。(2)请求人在提出无效宣告请求之日起1个月后补充证据的，专利复审委员会一般不予考虑，但下列情形除外：(i)针对专利权人提交的反证，请求人在专利复审委员会指定的期限内补充证据，并在该期限内结合该证据具体说明相关无效宣告理由的；(ii)在口头审理辩论终结前提交技术词典、技术手册和教科书等所属技术领域中的公知常识性证据或者用于完善证据法定形式的公证文书、原件等证据，并在该期限内结合该证据具体说明相关无效宣告理由的。(3)请求人提交的证据是外文的，提交其中文译文的期限适用该证据的举证期限。

买卖合同和产品使用说明书是在无效宣告请求之日提出的，专利复审委员会应予以考虑，选项A的说法是正确的。《机械设计制造大辞典》是在口头审理辩论终结前提交的公知常识性证据，可以被接受，选项B的说法是正确的。日本出版的专业期刊原件及其公证认证文书是在口头审理辩论终结前提交的用于完善证据法定形式的公证文书，可以被接受，故选项C的说法是正确的。美国专利文献及其中文译文是在无效宣告请求2个月后才提出的，超出了举证期限，专利复审委员会不予考虑，故选项D的说法是错误的。

综上，本题答案为：A、B、C。

70. 以下哪些情形的无效宣告请求不予受理？
  A. 请求人不具备民事诉讼主体资格
  B. 请求人甲和乙针对丙的专利共同提出一件无效宣告请求
  C. 请求人未结合其提交的所有证据具体说明无效宣告理由

D. 专利权人丙请求宣告其本人的某项专利权全部无效

【答案】A B C D

【知识点】无效宣告请求人资格 无效宣告请求范围以及理由和证据

【解析】《专利审查指南2010》第四部分第三章第3.2节规定，请求人属于下列情形之一的，其无效宣告请求不予受理：(1) 请求人不具备民事诉讼主体资格的。……(3) 专利权人针对其专利权提出无效宣告请求且请求宣告专利权全部无效、所提交的证据不是公开出版物或者请求人不是共有专利权的所有专利权人的。(4) 多个请求人共同提出一件无效宣告请求的，但属于所有专利权人针对其共有的专利权提出的除外。故选项A、B、D的无效宣告请求不予受理。

《专利法实施细则》第六十五条第一款中规定，无效宣告请求书应当结合提交的所有证据，具体说明无效宣告请求的理由，并指明每项理由所依据的证据。《专利审查指南2010》第四部分第三章第3.3节第（5）项规定，请求人应当具体说明无效宣告理由，提交有证据的，应当结合提交的所有证据具体说明。……请求人未具体说明无效宣告理由的，或者提交有证据但未结合提交的所有证据具体说明无效宣告理由的，或者未指明每项理由所依据的证据的，其无效宣告请求不予受理。故选项C的无效宣告请求不予受理。

综上，本题答案为：A、B、C、D。

71. 无效宣告程序中，以下哪些事项，代理人需要具有特别授权的委托书？

A. 专利权人的代理人赵某在口头审理中删除两项权利要求

B. 专利权人的代理人钱某书面答复无效宣告请求时，对权利要求作出进一步限缩性的修改

C. 口头审理中，请求人的代理人与专利权人商谈和解有关事宜

D. 专利复审委员会作出审查决定之前，请求人的代理人撤回无效宣告请求

【答案】A B C D

【知识点】无效宣告程序委托手续

【解析】《专利审查指南2010》第四部分第三章第3.6节中规定，对于下列事项，代理人需要具有特别授权的委托书：(i) 专利权人的代理人代为承认请求人的无效宣告请求；(ii) 专利权人的代理人代为修改权利要求书；(iii) 代理人代为和解；(iv) 请求人的代理人代为撤回无效宣告请求。

综上，本题答案为：A、B、C、D。

72. 无效宣告程序中，下列关于专利复审委员会可以依职权进行审查的说法，正确的是？

A. 无效宣告理由为全部的权利要求不具备创造性，合议组认为涉案专利权保护的主题明显是一种智力活动的规则，属于《专利法》第二十五条第一款规定的不授予专利权的客体，合议组可以依职权对该缺陷进行审查

B. 无效宣告理由为独立权利要求1不具备创造性，合议组认为该权利要求因不清楚而无

法确定其保护范围，不符合《专利法》第二十六条第四款的规定，合议组可以依职权对该缺陷进行审查

C. 请求人以权利要求1不具备新颖性、从属权利要求2不具备创造性为由请求宣告专利权无效，合议组审查后认定权利要求1具有新颖性但不具备创造性、从属权利要求2不具备创造性，合议组可以依职权对权利要求1的创造性进行审查

D. 请求人以权利要求1增加了技术特征而导致其不符合《专利法》第三十三条的规定为由请求宣告权利要求1无效，而未指出从属权利要求2也存在同样的缺陷，专利复审委员会可以引入《专利法》第三十三条的无效宣告理由对从属权利要求2进行审查

【答案】A B C D

【知识点】无效宣告程序的审查范围 依职权审查的情形

【解析】《专利审查指南2010》第四部分第三章第4.1节中规定，专利复审委员会在下列情形可以依职权进行审查：……（2）专利权存在请求人未提及的明显不属于专利保护客体的缺陷，专利复审委员会可以引入相关的无效宣告理由进行审查。故选项A正确。

该节第（3）项规定，专利权存在请求人未提及的缺陷而导致无法针对请求人提出的无效宣告理由进行审查的，专利复审委员会可以依职权针对专利权的上述缺陷引入相关无效宣告理由并进行审查。例如，无效宣告理由为独立权利要求1不具备创造性，但该权利要求因不清楚而无法确定其保护范围，从而不存在审查创造性的基础的情形下，专利复审委员会可以引入涉及《专利法》第二十六条第四款的无效宣告理由并进行审查。故选项B正确。

该节第（4）项规定，请求人请求宣告权利要求之间存在引用关系的某些权利要求无效，而未以同样的理由请求宣告其他权利要求无效，不引入该无效宣告理由将会得出不合理的审查结论的，专利复审委员会可以依职权引入该无效宣告理由对其他权利要求进行审查。例如，请求人以权利要求1不具备新颖性、从属权利要求2不具备创造性为由请求宣告专利权无效，如果专利复审委员会认定权利要求1具有新颖性，而从属权利要求2不具备创造性，则可以依职权对权利要求1的创造性进行审查。故选项C正确。

该节第（5）项规定，请求人以权利要求之间存在引用关系的某些权利要求存在缺陷为由请求宣告其无效，而未指出其他权利要求也存在相同性质的缺陷，专利复审委员会可以引入与该缺陷相对应的无效宣告理由对其他权利要求进行审查。例如，请求人以权利要求1增加了技术特征而导致其不符合《专利法》第三十三条的规定为由请求宣告权利要求1无效，而未指出从属权利要求2也存在同样的缺陷，专利复审委员会可以引入《专利法》第三十三条的无效宣告理由对从属权利要求2进行审查。故选项D正确。

综上，本题答案为：A、B、C、D。

73. 请求人赵某于2018年3月15日提出无效宣告请求并被专利复审委员会受理。赵某的无效理由是涉案专利权的全部权利要求均不具备创造性，其提交的现有技术证据包括其从日本获得的某日文期刊出版物A及其中文译文、美国专利公开文献B（英文，但未提交中文译文）等。以下赵某在无效宣告程序中增加的无效理由或补充的证据，专利复审委员会应当予以考虑的有？

A. 赵某于 2018 年 4 月 16 日（星期一）通过中国邮政 EMS 向专利复审委员会寄交意见陈述书，增加了无效宣告的理由和证据

B. 针对专利权人随后对权利要求作出的进一步限缩性修改，在专利复审委员会指定的期限内，赵某于 2018 年 5 月 18 日提交意见陈述书，但未提交新的证据，仅增加理由具体说明修改后的权利要求相对于出版物 A 结合本领域公知常识仍不具备创造性

C. 口头审理于 2018 年 6 月 20 日举行，赵某在口头审理辩论终结前提交的上述日文期刊出版物 A 的公证文书

D. 口头审理于 2018 年 6 月 20 日举行，赵某在口头审理辩论终结前提交的上述美国专利文献 B 的中文译文

【答案】A B C

【知识点】无效理由的增加　请求人举证期限［国家知识产权局令（第七十四号）修正］

【解析】《专利法实施细则》第五条规定，《专利法》和该细则规定的各种期限的第一日不计算在期限内。期限以年或者月计算的，以其最后一月的相应日为期限届满日；该月无相应日的，以该月最后一日为期限届满日；期限届满日是法定休假日的，以休假日后的第一个工作日为期限届满日。《专利法实施细则》第六十七条规定，在专利复审委员会受理无效宣告请求后，请求人可以在提出无效宣告请求之日起 1 个月内增加理由或者补充证据。逾期增加理由或补充证据的，专利复审委员会可以不予考虑。

对于选项 A，根据《专利法实施细则》第六十七条的规定，赵某应当于 2018 年 4 月 15 日前增加理由或补充证据。但从选项 A 的描述可知 2018 年 4 月 15 日是星期日，为法定休假日，根据《专利法实施细则》第五条的规定，应当以其后的第一个工作日即 2018 年 4 月 16 日星期一为期限届满日。因此，选项 A 正确。

《专利审查指南 2010》第四部分第三章第 4.2 节中规定，请求人在提出无效宣告请求之日起 1 个月后增加无效宣告理由的，专利复审委员会一般不予考虑，但下列情形除外：（i）针对专利权人以删除以外的方式修改的权利要求，在专利复审委员会指定期限内增加无效宣告理由，并在该期限内对所增加的无效宣告理由具体说明的；（ii）对明显与提交的证据不相对应的无效宣告理由进行变更的。

对于选项 B，专利权人对权利要求作出的进一步限定的修改属于上述规定中的"以删除之外的方式修改"，赵某可以在专利复审委员会指定期限内增加无效宣告理由，并在该期限内对所增加的无效宣告理由具体说明。因此，选项 B 正确。

《专利审查指南 2010》第四部分第三章第 4.3.1 节规定，（1）请求人在提出无效宣告请求之日起 1 个月内补充证据的，应当在该期限内结合该证据具体说明相关的无效宣告理由，否则，专利复审委员会不予考虑。（2）请求人在提出无效宣告请求之日起 1 个月后补充证据的，专利复审委员会一般不予考虑，但下列情形除外：（i）针对专利权人提交的反证，请求人在专利复审委员会指定的期限内补充证据，并在该期限内结合该证据具体说明相关无效宣告理由的；（ii）在口头审理辩论终结前提交技术词典、技术手册和教科书等所属技术领域中的公知常识性证据或者用于完善证据法定形式的公证文书、原件等证据，并在该期限内结合

该证据具体说明相关无效宣告理由的。(3)请求人提交的证据是外文的，提交其中文译文的期限适用该证据的举证期限。

对于选项C，赵某在口头审理辩论终结前提交的日文期刊出版物A的公证文书属于用于完善证据法定形式的公证文书证据，专利复审委员会应当予以考虑。故选项C正确。对于选项D，美国专利文献B的中文译文应当在请求日起1个月内提交，赵某在口头审理辩论终结前提交已经超出期限，专利复审委员会不予考虑。故选项D错误。

综上，本题答案为：A、B、C。

74. 请求人赵某认为，专利权人钱某所拥有的具有相同申请日（有优先权的，指优先权日）、不同授权日的两项专利权不符合《专利法》第九条第一款的规定，向专利复审委员会提出无效宣告请求。针对赵某的无效宣告请求，下列说法正确的是？

　　A. 赵某请求宣告其中授权在前的专利权无效，在不存在其他无效宣告理由或者其他理由不成立的情况下，专利复审委员会应当维持该项专利权有效
　　B. 赵某请求宣告其中授权在后的专利权无效，专利复审委员会经审查后认为构成同样的发明创造的，应当宣告该项专利权无效
　　C. 赵某请求宣告其中任一专利权无效，专利复审委员会经审查后认为两者构成同样的发明创造的，专利复审委员会可以自行决定选择其中一项专利权宣告无效
　　D. 如果上述两项专利权为钱某同日（仅指申请日）申请的一项实用新型专利权和一项发明专利权，钱某在申请时根据《专利法实施细则》第四十一条第二款的规定作出过说明，且发明专利权授予时实用新型专利权尚未终止，在此情形下，钱某可以通过放弃授权在前的实用新型专利权以保留被请求宣告无效的发明专利权

【答案】A B D

【知识点】无效宣告程序中对于同样发明创造的处理

【解析】根据《专利审查指南2010》第四部分第七章第2.1节规定，任何单位或者个人认为属于同一专利权人的具有相同申请日（有优先权的，指优先权日）的两项专利权不符合《专利法》第九条第一款的规定而请求专利复审委员会宣告其中授权在前的专利权无效的，在不存在其他无效宣告理由或者其他理由不成立的情况下，专利复审委员会应当维持该项专利权有效。故选项A正确。

任何单位或者个人认为属于同一专利权人的具有相同申请日（有优先权的，指优先权日）的两项专利权不符合《专利法》第九条第一款的规定而请求专利复审委员会宣告其中授权在后的专利权无效的，专利复审委员会经审查后认为构成同样的发明创造的，应当宣告该项专利权无效。故选项B正确。

如果上述两项专利权为同一专利权人同日（仅指申请日）申请的一项实用新型专利权和一项发明专利权，专利权人在申请时根据《专利法实施细则》第四十一条第二款的规定作出过说明，且发明专利权授予时实用新型专利权尚未终止，在此情形下，专利权人可以通过放弃授权在前的实用新型专利权以保留被请求宣告无效的发明专利权。故选项D正确。

选项 C 不符合上述规定，故选项 C 错误。

综上，本题答案为：A、B、D。

75. 在复审程序和无效宣告程序的口头审理中，以下说法正确的是？

   A. 合议组应当询问当事人是否请求审案人员回避，对于当事人请求审案人员回避的，合议组组长可以宣布中止口头审理
   B. 在无效宣告程序的口头审理中，当事人当庭增加理由或者补充证据的，合议组应当根据有关规定判断所述理由或者证据是否予以考虑
   C. 在复审程序的口头审理调查后，合议组可以就有关问题发表倾向性意见，必要时将其认为专利申请不符合《专利法》及其实施细则和审查指南有关规定的具体事实、理由和证据告知复审请求人，并听取复审请求人的意见
   D. 在无效宣告程序的口头审理辩论时，合议组成员不得发表自己的倾向性意见，也不得与任何一方当事人辩论

【答案】A B C D

【知识点】口头审理的进行

《专利审查指南 2010》第四部分第四章第 5.1 节中规定，合议组组长宣布口头审理开始后，介绍合议组成员；……合议组组长宣读当事人的权利和义务；询问当事人是否请求审案人员回避……。第 6 节规定了有下列情形之一的，合议组组长可以宣布中止口头审理，并在必要时确定继续进行口头审理的日期：（1）当事人请求审案人员回避的……故选项 A 的说法是正确的。

《专利审查指南 2010》第四部分第四章第 5.2 节中规定：当事人当庭增加理由或者补充证据的，合议组应当根据有关规定判断所述理由或者证据是否予以考虑。故选项 B 的说法是正确的。

《专利审查指南 2010》第四部分第四章第 5.3 节中规定，在无效宣告程序的口头审理调查后，进行口头审理辩论。……在口头审理辩论时，合议组成员可以提问，但不得发表自己的倾向性意见，也不得与任何一方当事人辩论。……在复审程序的口头审理调查后，合议组可以就有关问题发表倾向性意见，必要时将其认为专利申请不符合《专利法》及其实施细则和审查指南有关规定的具体事实、理由和证据告知复审请求人，并听取复审请求人的意见。故选项 C、D 的说法是正确的。

综上，本题答案为：A、B、C、D。

76. 某无效宣告案件的口头审理，关于证人赵某和钱某出庭作证，以下说法正确的是？

   A. 赵某是出具过证言并在口头审理通知书回执中写明的证人，可以就其证言出庭作证
   B. 钱某是专利权人在口头审理中向合议组提出出庭作证请求的证人，合议组可根据案件的具体情况决定是否准许
   C. 赵某和钱某不得旁听案件的审理

D. 合议组询问赵某时，钱某不得在场，但需要钱某与赵某对质的除外

【答案】A B C D

【知识点】口头审理证人出庭作证

【解析】根据《专利审查指南2010》第四部分第四章第10节规定，出具过证言并在口头审理通知书回执中写明的证人可以就其证言出庭作证。当事人在口头审理中提出证人出庭作证请求的，合议组可根据案件的具体情况决定是否准许。故选项A、B正确。

出庭作证的证人不得旁听案件的审理。询问证人时，其他证人不得在场，但需要证人对质的除外。故选项C、D正确。

综上，本题答案为：A、B、C、D。

77. 请求人赵某认为专利权人钱某拥有的一项实用新型专利权不具备《专利法》规定的创造性，向专利复审委员会提出无效宣告请求，并提交了日文专利文献作为现有技术证据之一。以下说法正确的是？

   A. 赵某应当提交该日文专利文献的中文译文，如果赵某未在举证期限内提交中文译文的，视为未提交
   B. 钱某对该日文专利文献的中文译文内容有异议的，应当在指定的期限内对有异议的部分提交中文译文。没有提交中文译文的，视为无异议
   C. 赵某和钱某就中文译文的异议部分达成一致意见的，以双方最终认可的中文译文为准
   D. 赵某和钱某未能就该日文专利文献的中文译文内容的异议部分达成一致意见，必要时专利复审委员会可以委托翻译，委托翻译所需翻译费用应由赵某和钱某各自承担50%

【答案】A B C D

【知识点】证据的提交

【解析】《专利法实施细则》第三条第二款规定，依照《专利法》和该细则规定提交的各种证件和证明文件是外文的，国务院专利行政部门认为必要时，可以要求当事人在指定期限内附送中文译文；期满未附送的，视为未提交该证件和证明文件。

根据《专利审查指南2010》第四部分第八章第2.2.1节规定，当事人提交外文证据的，应当提交中文译文，未在举证期限内提交中文译文的，该外文证据视为未提交。故选项A正确。

对方当事人对中文译文内容有异议的，应当在指定的期限内对有异议的部分提交中文译文。没有提交中文译文的，视为无异议。故选项B正确。

对中文译文出现异议时，双方当事人就异议部分达成一致意见的，以双方最终认可的中文译文为准。故选项C正确。

双方当事人未能就异议部分达成一致意见的，必要时，专利复审委员会可以委托翻译。……委托翻译所需翻译费用由双方当事人各承担50%；拒绝支付翻译费用的，视为其承认对方当事人提交的中文译文正确。故选项D正确。

综上，本题答案为：A、B、C、D。

78. 因当事人延误了下列哪些期限而导致其权利丧失的，不能予以恢复？
    A. 优先权期限
    B. 提出复审请求的期限
    C. 提出实质审查请求的期限
    D. 不丧失新颖性的宽限期

【答案】AD

【知识点】权利恢复程序

【解析】《专利法实施细则》第六条第一款规定，当事人因不可抗拒的事由而延误《专利法》或者该细则规定的期限或者国务院专利行政部门指定的期限，导致其权利丧失的，自障碍消除之日起2个月内，最迟自期限届满之日起2年内，可以向国务院专利行政部门请求恢复权利；该条第二款规定，除前款规定的情形外，当事人因其他正当理由延误《专利法》或者该细则规定的期限或者国务院专利行政部门指定的期限，导致其权利丧失的，可以自收到国务院专利行政部门的通知之日起2个月内向国务院专利行政部门请求恢复权利；该条第五款规定，该条第一款和第二款的规定不适用《专利法》第二十四条、第二十九条、第四十二条、第六十八条规定的期限。其中《专利法》第二十四条涉及的是不丧失新颖性的情形，《专利法》第二十九条涉及的是优先权，《专利法》第四十二条涉及的是专利的期限，《专利法》第六十八条涉及的是专利侵权的诉讼时效。故当事人延误了优先权期限和不丧失新颖性的宽限期而导致权利丧失的，不能予以恢复。

综上，本题答案为：A、D

79. 下列哪些是国家知识产权局因申请人或专利权人耽误期限而可能作出的处分决定？
    A. 视为未提出请求
    B. 视为未要求优先权
    C. 视为放弃取得专利权的权利
    D. 专利权终止

【答案】ABCD

【知识点】耽误期限的处分

【解析】《专利审查指南2010》第五部分第七章第5.2节规定，因耽误期限作出的处分决定主要包括：视为撤回专利申请权、视为放弃取得专利权的权利、专利权终止、不予受理、视为未提出请求和视为未要求优先权等。故选项A、B、C、D的说法都是正确的。

综上，本题答案为：A、B、C、D。

80. 甲对乙的实用新型专利权提出无效宣告请求，甲提供的证据仅为证人丙在公证人员面前作出书面证言的公证书原件，内容为丙在涉案专利申请日前购买了与涉案专利相同的空调。在口头审理中丙未出庭作证，专利复审委员会当庭调查发现丙不属于确有困难不能出席口头审理作证的情形。下列说法正确的是?

A. 甲提供了该公证书原件，在没有其他证据推翻的情况下，一般应当认定该公证书的真实性

B. 该公证书是由公证人员作出，因此该公证书能证明丙在涉案专利申请日前确实购买过空调

C. 该公证书是由公证人员作出，因此该公证书能证明丙在涉案专利申请日前确实购买了与涉案专利相同的空调

D. 丙未出席口头审理进行作证，其书面证言不能单独作为认定案件事实的依据

【答案】A D

【知识点】证据认定　证人证言　公证文书

【解析】《专利审查指南2010》第四部分第八章第4.2节中规定，合议组应当根据案件的具体情况，从以下方面审查证据的真实性：(1) 证据是否为原件、原物、复印件、复制品与原件、原物是否相符；(2) 提供证据的人与当事人是否有利害关系；(3) 发现证据时的客观环境；(4) 证据形成的原因和方式；(5) 证据的内容；(6) 影响证据真实性的其他因素。在甲提供了公证书证据的原件的情况下，如果没有相反的证据推翻，则应该认定该公证书的真实性，故选项A的说法是正确的。

然而，对于公证书真实性的认可，并不等于对公证书中证人证言所述事实的认可。《专利审查指南2010》第四部分第八章第4.3节中规定，专利复审委员会认定证人证言，可以通过对证人与案件的利害关系以及证人的智力状况、品德、知识、经验、法律意识和专业技能等的综合分析作出判断。证人应当出席口头审理作证，接受质询。未能出席口头审理作证的证人所出具的书面证言不能单独作为认定案件事实的依据，但证人确有困难不能出席口头审理作证的除外。证人确有困难不能出席口头审理作证的，专利复审委员会根据前款的规定对其书面证言进行认定。根据上述规定可知，由于证人证言并不是原始客观证据，是证人在事后经过回忆、主观判断、思考后作出的陈述，因此对于证人证言所陈述内容的真实性需要结合在口头审理中双方当事人以及合议组对证人的质询情况，可以通过对证人与案件的利害关系以及证人的智力状况、品德、知识、经验、法律意识和专业技能等的综合分析作出判断。如果证人未能出席口头审理，对其证人证言的质证无法进行，则其出具的书面证言不能单独作为认定案件事实的依据。所以选项B、C的说法是错误的，选项D的说法是正确的。

综上，本题答案为：A、D。

81. 以下说法正确的是?

A. 侵犯专利权的，不仅应承担民事责任，还可能被追究刑事责任

B. 假冒专利的，不仅应承担民事责任，还可能被追究刑事责任

C. 侵犯专利权的，应承担民事责任，但不涉及刑事责任

D. 假冒专利的，应承担民事责任，但不涉及刑事责任

【答案】BC

【知识点】侵犯专利权的民事责任 假冒专利的法律责任

【解析】《专利法》第六十条规定了侵犯专利权的民事责任，其中规定，侵犯其专利权，引起纠纷的，……专利权人或者利害关系人可以向人民法院起诉……；侵权人期满不起诉又不停止侵权行为的，管理专利工作的部门可以申请人民法院强制执行。进行处理的管理专利工作的部门应当事人的请求，可以就侵犯专利权的赔偿数额进行调解；调解不成的，当事人可以依照《中华人民共和国民事诉讼法》向人民法院起诉。其中规定了侵犯专利权的应承担民事责任，不涉及刑事责任。因此，选项A错误，选项C正确。

《专利法》第六十三条规定，假冒专利的，除依法承担民事责任外，由管理专利工作的部门责令改正并予公告，没收违法所得，可以并处违法所得4倍以下的罚款；没有违法所得的，可以处20万元以下的罚款；构成犯罪的，依法追究刑事责任。其中规定了假冒专利的行为除依法承担民事责任外，还可以追究刑事责任。因此，选项B正确，选项D错误。

综上，本题答案为：B、C。

82. 丙发明了一种机械装置并获得发明专利权，设计单位甲未经丙许可、为乙设计绘制了的该发明专利装置的零件图和总装图，并获取了设计报酬。则以下说法正确的是？

   A. 无论乙是否采用甲的设计方案用于生产经营活动，甲的上述行为都不属于专利法第十一条规定的直接侵犯丙的专利权的行为
   B. 如果乙没有采用甲的设计方案实际制造并销售该装置，则甲和乙的上述行为均不构成侵犯丙的专利权的行为
   C. 如果乙采用甲的设计方案并实际制造并销售该装置，则乙的上述行为侵犯丙专利权，但甲的上述行为不构成对丙的专利的侵权行为
   D. 如果乙采用甲的设计方案并实际制造并销售该装置，则甲的上述行为构成对丙的专利的共同侵权

【答案】ABD

【知识点】专利权的效力 实施专利的行为 直接侵犯专利权 共同侵权

【解析】《专利法》第十一条规定的"实施产品专利"的行为共有五种具体实施方式，即为生产经营目的，制造、许诺销售、销售、使用和进口。这一规定是穷尽性的。除上述五种行为之外的其他行为，都不会构成直接侵犯专利权的行为。设计单位甲的设计行为、乙委托甲进行设计的行为均不属于《专利法》第十一条规定的上述五种构成直接侵犯专利权的具体行为。

设计单位甲是否应当承担连带侵权责任的问题，属于共同侵权的范畴。追究共同侵权责任必须以存在直接侵权行为为前提。换言之，如果乙没有采用甲的设计方案用于生产经营活动，则甲的设计行为不会构成侵犯专利权的行为。故选项A、B的说法是正确的。

如果乙采用甲的设计方案并实际制造并销售该装置，即为生产经营目的制造、销售专利产品，则乙的行为直接侵犯丙的专利权，甲的设计行为构成共同侵权，应当承担连带侵权责

· 61 ·

任。故选项C的说法是错误的，选项D的说法是正确的。

综上，本题答案为：A、B、D。

83. 以下情形，哪些行为不构成侵犯专利权的行为？
   A. 在某次地震灾害时，某公司赶制了一批受他人专利权保护的挖掘救援器具，并作为无偿捐赠的救灾物资紧急运送到灾区
   B. 某人按照他人的专利权的中药药方配制了一服中药，熬成药汤自己服用
   C. 某公司从市场大量回收废旧的某型专利设备，从中拆解零部件重新组装制成完整的该型专利设备，并在市场上销售
   D. 某公司购买了一批未经许可制造并售出的专利零部件，并将其储存在公司的仓库中，以备该公司生产运行设备中该型零部件损坏时更换，但至今尚未更换

【答案】A B
【知识点】"为生产经营目的"的含义　"制造、使用专利产品"的含义
【解析】《专利法》第十一条第一款规定，发明或实用新型专利权被授予后，除该法另有规定的以外，任何单位或个人未经专利权人许可，都不得实施其专利，即不得为生产经营目的制造、使用、许诺销售、销售、进口其专利产品，……。按照《专利法》第十一条的规定，构成侵犯专利权行为的条件之一是"为生产经营目的"。选项A该公司的行为属于无偿捐赠行为，选项B的行为属于自我治疗的行为，都不是以生产经营为目的。因此选项A、B的情形均不构成侵犯专利权的行为。

选项C中该公司回收、拆解、重新组装该设备的行为构成了制造该专利产品的行为，属于未经许可为生产经营目的制造专利产品的行为，构成侵犯专利权的行为。选项D中尽管该专利零部件处于"储存"而未被实际使用的状态，但这些零部件属于随时"备而待用"的，也应当认为该公司使用了该产品，构成侵犯专利权的行为。

综上，本题答案为：A、B。

84. 甲获得一项方法专利，该专利方法包括3个步骤：①由产品a制得产品b；②由产品b制得产品c；③由产品c制得产品d。但A未获得产品d的产品专利。

乙在制造产品X时，未经甲的许可采用包括如下反应步骤的方法：①由产品b制得产品c；②由产品c制得产品d；③由产品d制得产品X。并向市场大量出口产品X。

则以下说法正确的是？
   A. 乙的行为构成"使用专利方法"的行为，侵犯甲的专利权
   B. 乙的行为不构成"使用专利方法"的行为，未侵犯甲的专利权
   C. 乙的行为构成"使用依照该专利方法直接获得的产品d"的行为，侵犯甲的专利权
   D. 乙的行为不构成"使用依照该专利方法直接获得的产品d"的行为，未侵犯甲的专利权

【答案】B D

【知识点】方法专利权的效力　技术特征全面覆盖原则

【解析】《专利法》第十一条第一款规定，发明和实用新型专利权被授予后，除该法另有规定的以外，任何单位或者个人未经专利权人许可，都不得实施其专利，即不得为生产经营目的……使用其专利方法以及使用、许诺销售、销售、进口依照该专利方法直接获得的产品。《最高人民法院关于审理侵犯专利权纠纷案件应用法律若干问题的解释》（法释〔2009〕21号）第七条第一款规定，人民法院判定被诉侵权技术方案是否落入专利权的保护范围，应当审查权利人主张的权利要求所记载的全部技术特征。

乙的方法未包含甲专利方法的反应步骤①，不符合该司法解释规定的"技术特征全面覆盖原则"，因此，乙不属于"使用甲的专利方法"的行为。选项 A 的说法是错误的，选项 B 的说法是正确的。

《最高人民法院关于审理侵犯专利权纠纷案件应用法律若干问题的解释》第十三条规定，对于使用专利方法获得的原始产品，人民法院应当认定为《专利法》第十一条规定的依照专利方法直接获得的产品。对于将上述原始产品进一步加工、处理而获得后续产品的行为，人民法院应当认定属于《专利法》第十一条规定的使用依照该专利方法直接获得的产品。《最高人民法院关于审理侵犯专利权纠纷案件应用法律若干问题的解释（二）》（法释〔2016〕1号）第十条规定，对于权利要求中以制备方法界定产品的技术特征，被诉侵权产品的制备方法与其不相同也不等同的，人民法院应当认定被诉侵权技术方案未落入专利权的保护范围。

乙的制造方法步骤③中使用了产品 d。但如前所述，乙所采用的方法比甲专利方法少了一个步骤特征。因此，乙的制造方法中所使用的产品 d 并不是"依照该专利方法直接获得的"，乙在制造该产品时所采用的方法不属于《专利法》第十一条规定的"使用依照该专利方法直接获得的产品"的行为。选项 C 的说法是错误的，选项 D 的说法是正确的。

综上，本题答案为：B、D。

85. 某公司拥有 1 项组合物专利，该专利仅 1 项权利要求："一种组合物，由 A 部分与 B 部分组成，其中：所述 A 部分选自化合物 a1；所述 B 部分由结构各不相似、功能各不相同的 3 种化合物 x、y、z 组成"。

并且，该专利说明书中还提到了，其中所述组合物的 A 部分还可以选自 a2、a3、a4 等结构不同但功能相似的化合物。

下述选项的组合物，未落入上述专利保护范围的有？

  A. 一种组合物，由 A 部分与 B 部分组成，其中：所述 A 部分选自化合物 a1；所述 B 部分由结构各不相似、功能各不相同的 4 种化合物 x、y、z、m 组成

  B. 一种组合物，由 A 部分与 B 部分组成，其中：所述 A 部分选自化合物 a1；所述 B 部分由结构各不相似、功能各不相同的 3 种化合物 x、y、m 组成，其中的化合物 m 与前述化合物 z 结构不相似、实现不同功能

  C. 一种组合物，由 A 部分与 B 部分组成，其中：所述 A 部分选自化合物 a2；所述 B 部分由结构各不相似、功能各不相同的 3 种化合物 x、y、z 组成

D. 一种组合物，由 A 部分与 B 部分组成，其中：所述 A 部分选自化合物 a1；所述 B 部分由结构各不相似、功能各不相同的 3 种化合物 x、y、z'组成，其中的化合物 z'与前述化合物 z 结构基本相同、能够实现基本相同的功能、达到基本相同的效果

【答案】A B C

【知识点】专利侵权的判定原则　全面覆盖原则　等同原则　捐献原则　封闭式权利要求的保护范围

【解析】《最高人民法院关于审理侵犯专利权纠纷案件应用法律若干问题的解释（二）》（法释〔2016〕1号）第七条第一款规定，被诉侵权技术方案在包含封闭式组合物权利要求全部技术特征的基础上增加其他技术特征的，人民法院应当认定被诉侵权技术方案未落入专利权的保护范围，但该增加的技术特征属于不可避免的常规数量杂质的除外。专利组合物为封闭式权利要求，选项 A 的方案在该组合物全部技术特征基础上增加了特征 m。根据上述规定，应当认定选项 A 的组合物未落入该专利权的保护范围。

《最高人民法院关于审理侵犯专利权纠纷案件应用法律若干问题的解释》（法释〔2009〕21号）第七条第二款中规定，被诉侵权技术方案的技术特征与权利要求记载的全部技术特征相比，……有一个以上技术特征不相同也不等同的，人民法院应当认定其没有落入专利权的保护范围。选项 B 的组合物中有一个技术特征 m 与专利组合物的技术特征 z 不相同，也不等同。根据上述规定，应当认定选项 B 的组合物未落入该专利权的保护范围。

《最高人民法院关于审理侵犯专利权纠纷案件应用法律若干问题的解释》第五条规定，对于仅在说明书或者附图中描述而在权利要求中未记载的技术方案，权利人在侵犯专利权纠纷案件中将其纳入专利权保护范围的，人民法院不予支持。选项 C 的组合物 a2＋（x＋y＋z）尽管在专利说明书中提及了，但并未记载在该专利的权利要求中。根据上述规定，应当认定选项 C 的组合物未落入该专利权的保护范围。

《最高人民法院关于审理侵犯专利权纠纷案件应用法律若干问题的解释》第七条第二款中规定，被诉侵权技术方案包含与权利要求记载的全部技术特征相同或者等同的技术特征的，人民法院应当认定其落入专利权的保护范围。选项 D 的组合物相对于专利组合物，仅仅是成分 z'与成分 z 的替换，且两者结构基本相同、能够实现基本相同的功能、达到基本相同的效果，属于技术特征的等同替换。根据上述规定，应当认定选项 D 的组合物落入了该专利权的保护范围。

综上，本题答案为：A、B、C。

86. 某中国发明专利权人甲与乙依法订立专利权转让合同，在向国家知识产权局办理该转让合同的登记手续之前，甲又与丙就同一专利权订立了专利权转让合同，并向国家知识产权局办理了该转让合同的登记手续。则以下说法正确的是？

A. 甲与乙的合同成立在先，应当由乙作为受让人享受和行使被转让的专利权

B. 甲与丙的合同依法向国家知识产权局进行了登记，应当由丙作为受让人享受和行使被转让的专利权

C. 甲与乙的合同未向国家知识产权局办理了登记手续，因此，甲与乙的合同无效

D. 甲应当承担合同违约责任

【答案】BD

【知识点】专利权转让的生效条件

【解析】《专利法》第十条第三款规定，转让专利申请权或者专利权的，当事人应当订立书面合同，并向国务院专利行政部门登记，由国务院专利行政部门予以公告。专利申请权或者专利权的转让自登记之日起生效。根据该规定，在国务院专利行政部门办理登记手续是专利权的转让行为生效的条件。甲与乙订立的合同未在国务院专利行政部门办理登记手续，因此，甲与乙的专利权转让行为不能生效。乙不能享受和行使被转让的专利权，应当由丙享受和行使被转让的专利权。故选项A的说法是错误的，选项B的说法是正确的。

《专利法》第十条第三款规定的是专利权转让行为的生效条件，而不是转让合同的生效条件。根据《合同法》的原则，转让合同自合同订立之日起生效。因此，甲与乙的转让合同未在国务院专利行政部门登记并不会导致合同无效，仍然是有效合同。乙可以要求甲承担合同违约责任。故选项C的说法是错误的，选项D的说法是正确的。

综上，本题答案为：B、D。

87. 关于专利实施的强制许可，以下说法错误的是？

　　A. 具备实施条件的单位或个人可以"未实施或未充分实施其专利"的理由，请求给予实施某项芯片发明专利的强制许可

　　B. 可以给予强制许可实施"某型具体产品所涉及的全部的专利"，而不必逐一列明所涉及的专利号

　　C. 除出口专利药品的强制许可之外，强制许可的实施应主要为了供应国内市场

　　D. 某公司的某型产品因为采用特殊的专利外观设计大获市场好评、一货难求、价格高昂，具备实施条件的单位或个人可以"未实施或未充分实施其专利"的理由，针对该外观设计专利提出强制许可请求

【答案】ABCD

【知识点】专利实施的强制许可

【解析】《专利法》第四十八条的规定，有下列情形之一的，国务院专利行政部门根据具备实施条件的单位或者个人的申请，可以给予实施发明专利或者实用新型专利的强制许可：（一）专利权人自专利权被授予之日起满3年，且自提出专利申请之日起满4年，无正当理由未实施或者未充分实施其专利的；（二）专利权人行使专利权的行为被依法认定为垄断行为，为消除或者减少该行为对竞争产生的不利影响的。《专利法》第五十二条规定，强制许可涉及的发明创造为半导体技术的，其实施限于公共利益的目的和该法第四十八条第（二）项规定的情形。芯片属于半导体技术，根据该规定，仅限于公共利益目的和构成垄断行为提出强制许可，不能以未实施或未充分实施为由提出强制许可，因此选项A的说法是错误的。

《专利实施强制许可办法》第十四条规定，强制许可请求有下列情形之一的，不予受理

并通知请求人：（一）请求给予强制许可的发明专利或者实用新型专利的专利号不明确或者难以确定；……。因此，选项 B 的说法是错误的。

《专利法》第五十三条规定，除依照该法第四十八条第（二）项、第五十条规定给予的强制许可外，强制许可的实施应当主要为了供应国内市场。对于《专利法》第四十八条第（二）项规定的因垄断行为颁布的强制许可，其实施不受"主要为了供应国内市场"的限制。因此，选项 C 的说法是错误的。

根据《专利法》第四十八条的规定，强制许可的专利仅限发明专利和实用新型专利，不能针对外观设计专利提出强制许可请求。故选项 D 的说法是错误的。

综上，本题答案为：A、B、C、D。

88. 发生专利侵权纠纷时，依法向人民法院提出诉前责令停止侵犯专利权行为的申请的，以下说法错误的是？

  A. 专利权人或专利财产权利的合法继承人可以向人民法院提出申请

  B. 无论专利权人是否提出申请，排他实施许可合同的被许可人均可单独向人民法院提出申请

  C. 专利普通实施许可合同的被许可人可以与专利权人一起向人民法院提出申请

  D. 诉前临时措施的被申请人可以通过提出反担保以解除该诉前临时措施

【答案】BCD

【知识点】专利侵权行为的诉前停止

【解析】《最高人民法院关于对诉前停止侵犯专利权行为适用法律问题的若干规定》（法释〔2001〕20 号）第一条规定，专利权人或者利害关系人可以向人民法院提出诉前责令被申请人停止侵犯专利权行为的申请。提出申请的利害关系人，包括专利实施许可合同的被许可人、专利财产权利的合法继承人等。专利实施许可合同被许可人中，独占实施许可合同的被许可人可以单独向人民法院提出申请；排他实施许可合同的被许可人在专利权人不申请的情况下，可以提出申请。

根据该规定，专利权人及专利财产权的继承人可以向法院提出申请，故选项 A 的说法是正确的。排他实施许可的被许可人只有在专利权人不提出申请的情况下才可以向法院提出申请，故选项 B 的说法是错误的。普通实施许可的被许可人无权向法院提出申请，故选项 C 的说法是错误的。

《最高人民法院关于对诉前停止侵犯专利权行为适用法律问题的若干规定》第八条规定，停止侵犯专利权行为裁定所采取的措施，不因被申请人提出反担保而解除。故选项 D 的说法是错误的。

综上，本题答案为：B、C、D。

89. 关于实用新型和外观设计的专利权评价报告，以下说法错误的是？

  A. 实用新型和外观设计专利侵权纠纷的专利权人和被控侵权人都可以请求国家知识产权

局作出专利权评价报告

B. 多个请求人请求作出专利权评价报告的，国家知识产权局分别单独作出评价报告

C. 被告在实用新型或外观设计专利侵权诉讼的答辩期间请求宣告该专利权无效的，当原告出具的专利权评价报告未发现导致该实用新型或外观设计专利权无效的理由时，审理该案的人民法院可以不中止诉讼

D. 专利权评价报告属于国家知识产权局作出的行政决定

【答案】A B D

【知识点】侵权纠纷的处理　专利权评价报告

【解析】《专利法实施细则》第五十六条中规定，《专利法》第六十条规定的专利权人或者利害关系人可以请求国务院专利行政部门作出专利权评价报告。根据该规定，请求作出专利权评价报告的主体应当是《专利法》第六十条规定的"专利权人或者利害关系人"。《专利法》第六十条规定，侵犯其专利权，引起纠纷的，……专利权人或者利害关系人可以向人民法院起诉。《最高人民法院关于对诉前停止侵犯专利权行为适用法律问题的若干规定》（法释〔2001〕20号）第一条规定，提出申请的利害关系人，包括专利实施许可合同的被许可人、专利财产权利的合法继承人等。专利实施许可合同被许可人中，独占实施许可合同的被许可人可以单独向人民法院提出申请；排他实施许可合同的被许可人在专利权人不申请的情况下，可以提出申请。

综合上述规定，《专利法》第六十条、《专利法实施细则》第五十六条的"利害关系人"不包括被控侵权人。因此，被控侵权人不能请求国务院专利行政部门作出专利权评价报告。故选项A的说法是错误的。

《专利法实施细则》第五十七条中规定，对同一项实用新型或者外观设计专利权，有多个请求人请求作出专利权评价报告的，国务院专利行政部门仅作出一份专利权评价报告。根据该规定，选项B的说法是错误的。

《最高人民法院关于审理专利纠纷案件适用法律问题的若干规定》（法释〔2015〕4号）第九条规定，人民法院受理的侵犯实用新型、外观设计专利权纠纷案件，被告在答辩期间内请求宣告该项专利权无效的，人民法院应当中止诉讼，但具备下列情形之一的，可以不中止诉讼：（一）原告出具的检索报告或者专利权评价报告未发现导致实用新型或者外观设计专利权无效的事由的，……。根据该规定，选项C的说法是正确的。

根据《专利法》第六十一条规定，国务院专利行政部门对相关实用新型或者外观设计进行检索、分析和评价后作出的专利权评价报告，作为审理、处理专利侵权纠纷的证据。因此，专利权评价报告只能作为证据，而不属于行政决定。故选项D的说法是错误的。

综上，本题答案为：A、B、D。

90. 关于现有技术抗辩，以下说法错误的是？

A. 用于不侵权抗辩的现有技术，必须是可以自由使用的现有技术，不包括仍在有效保护期内的专利技术

B. 可以使用抵触申请作为不侵权抗辩的现有技术

C. 仅当被控侵权物的全部技术特征与一份现有技术方案的相应技术特征完全相同时，才可以认为不侵权抗辩成立

D. 如果被控侵权人主张被控侵权物相对于两份现有技术的结合显而易见，则该抗辩理由不成立

【答案】Ａ Ｂ Ｃ

【知识点】实施现有技术或现有设计的行为不构成侵权

【解析】《专利法》第六十二条规定，在专利侵权纠纷中，被控侵权人有证据证明其实施的技术或者设计属于现有技术或者现有设计的，不构成侵犯专利权。该条规定的现有技术应当与《专利法》第二十二条第五款规定的"现有技术"含义相同，即"本法所称现有技术，是指申请日以前在国内外为公众所知的技术"。根据该定义，所述的现有技术既包括可自由使用的现有技术，也包括申请日以前公开的专利或专利申请。因此，选项 A 的说法是错误的。

"抵触申请"是申请在先、公开在后的专利申请，不属于"申请日以前在国内外为公众所知"的技术，因此，选项 B 的说法是错误的。

《最高人民法院关于审理侵犯专利权纠纷案件应用法律若干问题的解释》（法释〔2009〕21号）第十四条第一款规定，被诉落入专利权保护范围的全部技术特征，与一项现有技术方案中的相应技术特征相同或者无实质性差异的，人民法院应当认定被诉侵权人实施的技术属于《专利法》第六十二条规定的现有技术。根据该规定，抗辩成立的情形不仅包括"技术特征相同"的情形，也包括"技术特征没有实质性差异"的情形。因此，选项 C 的说法是错误的。

根据该规定，现有技术抗辩只能与单独一项现有技术对比，不能使用多项现有技术结合。故选项 D 的说法是正确的。

综上，本题答案为：A、B、C。

91. 以下属于假冒专利行为的有？

A. 在未被授予专利权的产品或包装上标注专利标识的

B. 在专利权被宣告无效后或终止后，继续在产品或包装上标注专利标识的

C. 专利权终止前依法在专利产品或者其包装上标注专利标识，在专利权终止后许诺销售、销售标注专利标识的该产品的

D. 未经许可在产品或者产品包装上标注他人的专利号。

【答案】Ａ Ｂ Ｄ

【知识点】假冒专利的行为

【解析】《专利法实施细则》第八十四条规定，下列行为属于《专利法》第六十三条规定的假冒专利的行为：（一）在未被授予专利权的产品或者其包装上标注专利标识，专利权被宣告无效后或者终止后继续在产品或者其包装上标注专利标识，或者未经许可在产品或者产

品包装上标注他人的专利号；……。专利权终止前依法在专利产品、依照专利方法直接获得的产品或者其包装上标注专利标识，在专利权终止后许诺销售、销售该产品的，不属于假冒专利行为。

选项A、B、D属于其中第一款第（一）项规定的假冒专利的行为，选项C属于其中第二款规定的不属于假冒专利的行为。

综上，本题答案为：A、B、D。

92. 专利权人发现侵犯其专利权的行为时，可以采取如下措施有？
   A. 向人民法院起诉
   B. 请求管理专利工作的部门处理
   C. 向人民法院申请采取责令停止有关行为的措施
   D. 向人民法院申请保全证据

【答案】ABCD

【知识点】侵权专利纠纷的处理　专利侵权行为的诉前停止　证据保全

【解析】《专利法》第六十条中规定，侵犯其专利权，引起纠纷的，……专利权人或者利害关系人可以向人民法院起诉，也可以请求管理专利工作的部门处理。故选项A、B的说法是正确的。

《专利法》第六十六条第一款规定，专利权人或者利害关系人有证据证明他人正在实施或者即将实施侵犯专利权的行为，如不及时制止将会使其合法权益受到难以弥补的损害的，可以在起诉前向人民法院申请采取责令停止有关行为的措施。故选项C的说法是正确的。

《专利法》第六十七条第一款规定，为了制止专利侵权行为，在证据可能灭失或者以后难以取得的情况下，专利权人或者利害关系人可以在起诉前向人民法院申请保全证据。故选项D的说法是正确的。

综上，本题答案为：A、B、C、D。

93. 甲获得一项外观设计专利。乙在该专利申请日后、授权公告前未经甲的许可制造了一批该专利产品并销售给丙。

丙将该外观设计专利产品作为零部件组装到自己的产品上提升产品美感，并在该外观设计专利授权公告后持续向市场销售。

则以下说法正确的是？
   A. 乙的上述行为侵犯甲的外观设计专利权
   B. 乙的上述行为不属于侵犯甲的外观设计专利权的行为
   C. 丙的上述行为侵犯甲的外观设计专利权
   D. 丙的上述行为不侵犯甲的外观设计专利权

【答案】BC

【知识点】外观设计的专利侵权

【解析】《专利法》第十一条第二款规定，外观设计专利权被授予后，任何单位或者个人未经专利权人许可，都不得实施其专利，即不得为生产经营目的制造、许诺销售、销售、进口其外观设计专利产品。该条规定的禁止侵犯专利权的前提是"外观设计专利权被授予后"。乙生产销售该专利产品的行为发生在该专利授权公告前，故乙的行为不构成侵权。因此，选项A的说法是错误的，选项B的说法是正确的。

尽管《专利法》第十一条中规定的外观设计的专利权不包括"使用"该外观设计专利产品的行为，但是，根据《最高人民法院关于审理侵犯专利权纠纷案件应用法律若干问题的解释》(法释〔2009〕21号)第十二条第二款的规定，将侵犯外观设计专利权的产品作为零部件，制造另一产品并销售的，人民法院应当认定属于《专利法》第十一条规定的销售行为，但侵犯外观设计专利权的产品在该另一产品中仅具有技术功能的除外。在该题中，丙使用该外观设计产品作为零部件组装产品以提升产品的艺术美感，制造并销售该组装产品，应当认定为构成销售该外观设计专利产品的行为，侵犯甲的专利权。因此，选项C的说法是正确的，选项D的说法是错误的。

综上，本题答案为：B、C。

94. 以下说法正确的是？
   A. 人民法院受理的侵犯发明专利权纠纷案件，被告在答辩期间内请求宣告该项专利权无效的，人民法院应当中止诉讼
   B. 当事人因专利权的归属发生纠纷，已向人民法院起诉的，可以请求国家知识产权局中止该专利的无效宣告程序
   C. 实用新型和外观设计侵权纠纷案件中，人民法院可以根据案件审理需要要求原告提交检索报告或者专利权评价报告，原告无正当理由不提交的，人民法院可以裁定中止诉讼
   D. 侵犯实用新型、外观设计专利权纠纷案件的被告请求中止诉讼的，应当在答辩期内对原告的专利权提出宣告无效的请求

【答案】BCD
【知识点】侵权纠纷的处理　诉讼中止
【解析】《最高人民法院关于审理专利纠纷案件适用法律问题的若干规定》(法释〔2015〕4号)第十一条规定，人民法院受理的侵犯发明专利权纠纷案件……，被告在答辩期间内请求宣告该项专利权无效的，人民法院可以不中止诉讼。根据该规定，选项A的说法是错误的。

《专利法实施细则》第八十六条第一款规定，当事人因专利申请权或者专利权的归属发生纠纷，已请求管理专利工作的部门调解或者向人民法院起诉的，可以请求国务院专利行政部门中止有关程序。第八十八条规定，国务院专利行政部门根据该细则第八十六条和第八十七条规定中止有关程序，是指暂停……专利权无效宣告程序；……。根据该规定，选项B的说法是正确的。

《最高人民法院关于审理专利纠纷案件适用法律问题的若干规定》第八条第一款中规定，根据案件审理需要，人民法院可以要求原告提交检索报告或者专利权评价报告。原告无正当理由不提交的，人民法院可以裁定中止诉讼或者判令原告承担可能的不利后果。故选项C的说法是正确的。

《最高人民法院关于审理专利纠纷案件适用法律问题的若干规定》第八条第二款规定，侵犯实用新型、外观设计专利权纠纷案件的被告请求中止诉讼的，应当在答辩期内对原告的专利权提出宣告无效的请求。故选项D的说法是正确的。

综上，本题答案为：B、C、D。

95. 甲向国家知识产权局提交了一份发明专利申请，权利要求限定为"一种产品，其包含技术特征a、b。"

在授权审查程序中，甲陈述意见强调其中特征b的特定选择是实现发明技术效果的关键。但国家知识产权局专利审查部门明确否定该意见，认为特征b属于本领域公知常识。

随后甲将特征c补充到权利要求中，并强调特征c克服了技术偏见。该申请随后获得授权，授权权利要求为"一种产品，其包含技术特征a、b和c。"

乙未经甲许可制造并销售一种产品，其包含技术特征a、b'和c。其中，特征b'与特征b以基本相同的手段，实现基本相同的功能，达到基本相同的效果。甲向乙发出专利侵权警告。

乙随后向专利复审委员会请求宣告甲的专利无效。

甲在无效程序意见陈述中关于特征b、c的观点与授权审查阶段的意见一致。专利复审委员会作出决定维持该专利权有效，其理由是特征c的选择克服了技术偏见。但专利复审委员会的决定对特征b没有发表意见。甲随后向法院起诉乙侵犯其专利权。

则以下说法正确的是？

A. 乙被控侵权的产品包含了与专利权利要求记载的全部技术特征相同或等同的技术特征，应当认定其落入甲的该专利权的保护范围

B. 甲在授权和确权阶段对技术特征b做了限缩性陈述，因此，在侵权纠纷诉讼中应适用"禁止反悔"原则，不能主张技术特征b与技术特征b'构成等同替换

C. 甲对技术特征b所做的陈述已经在授权审查程序被国家知识产权局专利审查部门"明确否定"，因此，在侵权纠纷诉讼中不适用"禁止反悔原则"，可以主张技术特征b与技术特征b'构成等同替换

D. 在无效确权程序中，专利复审委员会作出的维持专利有效的决定未对甲有关技术特征b的限缩性陈述发表意见，相当于专利审查部门在授权审查程序中针对甲有关特征b的限缩性陈述的"明确否定"性意见被专利复审委员会推翻，因此，在侵权纠纷诉讼中应适用"禁止反悔"原则，不能主张技术特征b与技术特征b'构成等同替换

【答案】A C
【知识点】专利侵权的判断 等同原则 禁止反悔原则
【解析】该题的关键在于判断甲的授权、确权程序中的意见陈述是否应当适用"禁止反

悔"原则。

《最高人民法院关于审理侵犯专利权纠纷案件应用法律若干问题的解释》（法释〔2009〕21号）第七条第二款中规定，被诉侵权技术方案包含与权利要求记载的全部技术特征相同或者等同的技术特征的，人民法院应当认定其落入专利权的保护范围。由于乙的被控侵权产品包含与甲专利权利要求记载的全部技术特征相同或等同的技术特征，应当认定其落入专利权的保护范围。因此，选项A的说法是正确的。

《最高人民法院关于审理专利纠纷案件应用法律问题的若干规定》第六条规定，专利申请人、专利权人在专利授权或者无效宣告程序中，通过对权利要求、说明书的修改或者意见陈述而放弃的技术方案，权利人在侵犯专利权纠纷案件中又将其纳入专利权保护范围的，人民法院不予支持。《最高人民法院关于审理侵犯专利权纠纷案件应用法律若干问题的解释（二）》（法释〔2016〕1号）第十三条规定，权利人证明专利申请人、专利权人在专利授权确权程序中对权利要求书、说明书及附图的限缩性修改或者陈述被明确否定的，人民法院应当认定该修改或者陈述未导致技术方案的放弃。

在授权程序中，国务院专利行政部门专利审查部门对甲关于技术特征b的限缩性陈述持"明确反对"意见。在后续无效程序中，专利复审委员会没有对甲关于技术特征b的限缩性陈述发表意见，没有推翻专利审查部门所持的否定意见而得出相反结论。在这种情况下，应当认为甲的关于特征b的限缩性陈述已经被明确否定。根据法释〔2016〕1号司法解释第十三条的规定，不适用禁止反悔原则，故选项B、D的说法是错误的，选项C的说法是正确的。

综上，本题答案为：A、C。

96. 甲于2015年1月1日向国家知识产权局提交了一份发明专利申请，权利要求为："一种产品W，包含技术特征a和b。"该申请于2016年7月1日公布。

乙自2016年10月1日开始、该专利申请公布后未经甲的许可制造、销售相同的产品W，所述产品包含技术特征a和b。

2018年1月2日，甲的该专利申请经审查并公告授权，授权的权利要求为："一种产品W'，包含技术特征a、b和c。"

则以下说法错误的是？
  A. 乙应当为其"在该专利授权公告前制造、销售产品W"的行为向甲支付适当费用
  B. 乙无需为其"在该专利授权公告前制造、销售产品W"的行为向甲支付适当费用
  C. 乙应当为其"在该专利授权公告前制造、销售产品W"的行为承担专利侵权赔偿责任
  D. 乙应当该专利授权公告后立即停止制造、销售产品W的专利侵权行为

【答案】A C D

【知识点】发明专利申请公布后的临时保护

【解析】《专利法》第十三条规定，发明专利申请公布后，申请人可以要求实施其发明的单位或者个人支付适当的费用。但是，《最高人民法院关于审理侵犯专利权纠纷案件应用法

律若干问题的解释（二）》（法释〔2016〕1号）第十八条第一款与第二款规定，权利人依据《专利法》第十三条诉请在发明专利申请公布日至授权公告日期间实施该发明的单位或者个人支付适当费用的，人民法院可以参照有关专利许可使用费合理确定。发明专利申请公布时申请人请求保护的范围与发明专利公告授权时的专利权保护范围不一致，被诉技术方案均落入上述两种范围的，人民法院应当认定被告在前款所称期间内实施了该发明；被诉技术方案仅落入其中一种范围的，人民法院应当认定被告在前款所称期间内未实施该发明。

该题属于上述规定所述的"申请公布的权利要求范围与授权公开的专利保护范围不一致，被诉技术方案仅落入其中一种范围"的情形。根据该规定，"应当认定被告在前款所称期间未实施该发明"，也不需要支付任何费用。因此，选项A的说法是错误的，选项B的说法是正确的。

《专利法》第十一条第一款规定，发明和实用新型专利权被授予后，除该法另有规定的以外，任何单位或者个人未经专利权人许可，都不得实施其专利，即不得为生产经营目的制造、使用、许诺销售、销售、进口其专利产品，或者使用其专利方法以及使用、许诺销售、销售、进口依照该专利方法直接获得的产品。第十三条规定，发明专利申请公布后，申请人可以要求实施其发明的单位或者个人支付适当的费用。

选项C的行为属于专利临时保护期内的行为，不属于专利侵权行为，乙无须承担侵权赔偿责任。故选项C的说法是错误的。

综合考虑上述规定，《专利法》虽然规定了申请人可以要求在发明专利申请公布后至专利权授予之前（即专利临时保护期内）实施其发明的单位或者个人支付适当的费用，即享有请求给付发明专利临时保护期使用费的权利，但对于专利临时保护期内实施其发明的行为并不享有请求停止实施的权利。因此，在发明专利临时保护期内实施相关发明的，不属于《专利法》禁止的行为。而且，乙所制造的产品也没有落入授权公告的专利范围内，因此，选项D的说法错误的。

综上，本题答案为：A、C、D。

97. 甲获得了一项产品发明专利。甲与乙签订《专利使用协议》，该协议约定，甲允许乙对该专利产品进一步开发并在产品中标注甲的专利号。该协议同时约定，"双方在开发的产品正式投产之前再行签订正式详尽的合同"。

乙在开发过程中，试制了一批甲的专利产品，并进行研发，研发制得新的产品相对于甲的专利权利要求的范围删除了一些不必要的部件、增加了一些具有实质性区别的新的功能部件，相对于原专利产品实现了明显的技术效果改进。但乙未申请该新产品的专利。随后，乙在未与甲进一步签订正式详尽合同的情况下批量制造其研发的新产品并向市场销售该新产品，所销售新产品上标注有甲的专利号。

则以下说法正确的是？

    A. 因为乙与甲没有按照协议约定签订正式详尽的合同，所以乙在产品开发中制造、使用甲的专利产品的行为属于侵犯甲的专利权的行为

B. 即便乙与甲没有按照协议约定签订正式详尽的合同，乙在产品开发中制造、使用甲的专利产品的行为也不属于侵犯甲的专利权的行为

C. 乙在所销售新产品上标注甲的专利号的行为构成假冒专利的行为

D. 乙与甲签订的《专利使用协议》中明确约定"乙可以在产品中标注甲的专利号"，因此乙在所销售新产品上标注甲的专利号的行为不构成假冒专利的行为

【答案】B C

【知识点】禁止他人未经许可实施专利的权利　假冒专利的行为

【解析】《专利法》第十一条第一款中规定，发明和实用新型专利权被授予后，除该法另有规定的以外，任何单位或者个人未经专利权人许可，都不得实施其专利，即不得为生产经营目的制造、使用、许诺销售、销售、进口其专利产品。在该题中，乙在产品开发过程中，制造了一批该专利产品。该行为是否构成侵权，关键在于乙的行为是否得到甲的许可。

甲与乙签订的《专利使用协议》应当理解为允许乙在产品开发过程中制造、使用该专利产品。该《专利使用协议》约定了"双方在开发的产品正式投产之前再行签订正式详尽的合同"。该约定应被理解为对产品正式投产之后行为的约束，或理解为该《专利使用协议》的有效期截止于产品正式投产之时。"双方未在产品正式投产前进一步签订正式合同"的事实并不会导致之前签订的《专利使用协议》允许乙制造、使用该专利产品的约定失效。因此，即便乙与甲没有按照该协议约定签订正式详尽的合同，乙在产品开发中制造、使用甲的专利产品的行为也应当视为"专利权人甲许可的行为"，不属于侵犯甲的专利权的行为。选项A的说法错误，选项B的说法正确。

根据《专利法实施细则》第八十四条第一款第（一）项规定，在未被授予专利权的产品或者其包装上标注专利标识，……或者未经许可在产品或者产品包装上标注他人的专利号，属于假冒专利的行为。乙所正式制造、销售的产品，与甲的产品相比在部分技术特征上作了修改，实现了明显不同的技术效果。因此，乙的产品与甲的产品既不相同，也不等同，未落入甲的专利保护范围内。乙公司的产品属于未被授予专利权的产品，在该产品上标注的甲的专利号属于他人的专利号，构成假冒专利行为。因此，选项C的说法是正确的，选项D的说法是错误的。

综上，本题答案为：B、C。

98. 关于外观设计专利，以下说法正确的是？

A. 对于各构件之间无组装关系或者组装关系不唯一的组件产品的外观设计专利，如果被控侵权设计与其全部单个构件的外观设计相同或近似时，则应当认为构成专利侵权

B. 对于组装关系唯一的组件产品的外观设计专利，如果被控侵权设计与其组合状态下的外观设计相同或近似时，则应当认为构成专利侵权

C. 对于成套产品的外观设计专利，如果被诉侵权设计与其一项外观设计相同或者近似的，应当认为构成专利侵权

D. 对于成套产品的外观设计专利，只有被诉侵权设计与其整套外观设计相同或者近似的，才可认为构成专利侵权

【答案】A B C

【知识点】侵犯外观设计专利权的行为

【解析】《最高人民法院关于审理侵犯专利权纠纷案件应用法律若干问题的解释（二）》（法释〔2016〕1号）第十六条规定，对于组装关系唯一的组件产品的外观设计专利，被诉侵权设计与其组合状态下的外观设计相同或者近似的，人民法院应当认定被诉侵权设计落入专利权的保护范围。对于各构件之间无组装关系或者组装关系不唯一的组件产品的外观设计专利，被诉侵权设计与其全部单个构件的外观设计均相同或者近似的，人民法院应当认定被诉侵权设计落入专利权的保护范围；被诉侵权设计缺少其单个构件的外观设计或者与之不相同也不近似的，人民法院应当认定被诉侵权设计未落入专利权的保护范围。

根据该规定，对于包含多个组件产品的外观设计专利，要考虑组装关系是否唯一。组装关系唯一的，应在组装状态下整体比较；组装关系不唯一，应当与其全部单个构件进行比较。因此，选项A、B的说法是正确的。

《最高人民法院关于审理侵犯专利权纠纷案件应用法律若干问题的解释（二）》第十五条规定，对于成套产品的外观设计专利，被诉侵权设计与其一项外观设计相同或者近似的，人民法院应当认定被诉侵权设计落入专利权的保护范围。根据该规定，选项C的说法是正确的，选项D的说法是错误的。

综上，本题答案为：A、B、C。

99. 甲于2010年1月1日向国家知识产权局提交了一份设备产品专利申请，该申请于2011年7月1日公开、2012年12月1日授权。

乙在该专利申请公开后、授权公告前未经甲的许可制造了相同的专利设备，并于2011年10月1日与丙签订购销合同。合同约定，丙分期向乙支付设备及服务款项，乙向丙提供该设备，并自合同订立之日起10年内向丙提供相应的设备安装、调试、维修、保养等技术支持服务。

则以下说法正确的是？

A. 乙在该专利授权公告后向丙提供设备调试、维修、保养等技术支持服务构成未经许可使用该专利产品的行为，属于侵犯甲的专利权的行为
B. 乙在该专利授权公告后向丙提供设备调试、维修、保养等技术支持服务不属于侵犯甲的专利权的行为
C. 丙在该专利授权公告后使用该专利设备的行为属于侵犯甲的专利权的行为
D. 丙在该专利授权公告后使用该专利设备的行为不属于侵犯甲的专利权的行为

【答案】B D

【知识点】发明专利申请公布后的实施

【解析】《专利法》第十一条第一款规定，发明和实用新型专利权被授予后，除该法另有规定的以外，任何单位或者个人未经专利权人许可，都不得实施其专利，即不得为生产经营目的制造、使用、许诺销售、销售、进口其专利产品，或者使用其专利方法以及使用、许诺销售、销售、进口依照该专利方法直接获得的产品。第十三条规定，发明专利申请公布后，

申请人可以要求实施其发明的单位或者个人支付适当的费用。第六十八条规定，侵犯专利权的诉讼时效为2年，自专利权人或者利害关系人得知或者应当得知侵权行为之日起计算。发明专利申请公布后至专利权授予前使用该发明未支付适当使用费的，专利权人要求支付使用费的诉讼时效为2年，自专利权人得知或者应当得知他人使用其发明之日起计算，但是，专利权人于专利权授予之日前即已得知或者应当得知的，自专利权授予之日起计算。

综合考虑上述规定，《专利法》虽然规定了申请人可以要求在发明专利申请公布后至专利权授予之前（即专利临时保护期内）实施其发明的单位或者个人支付适当的费用，即享有请求给付发明专利临时保护期使用费的权利，但对于专利临时保护期内实施其发明的行为并不享有请求停止实施的权利。因此，在发明专利临时保护期内实施相关发明的，不属于《专利法》禁止的行为。在专利临时保护期内制造、销售、进口被诉专利侵权产品不为《专利法》禁止的情况下，其后续的使用、许诺销售、销售该产品的行为，即使未经专利权人许可，也应当得到允许。也就是说，专利权人无权禁止他人对专利临时保护期内制造、销售、进口的被诉专利侵权产品的后续使用、许诺销售、销售。当然，这并不否定专利权人根据《专利法》第十三条规定行使要求实施其发明者支付适当费用的权利。对于在专利临时保护期内制造、销售、进口的被诉专利侵权产品，在销售者、使用者提供了合法来源的情况下，销售者、使用者不应承担支付适当费用的责任。

认定在发明专利授权后针对发明专利临时保护期内实施发明得到的产品的后续使用、许诺销售、销售等实施行为不构成侵权，符合《专利法》的立法宗旨。专利制度的设计初衷是"以公开换保护"，且是在授权之后才能请求予以保护。对于发明专利申请来说，在公开日之前实施相关发明，不构成侵权，在公开日后也应当允许此前实施发明得到的产品的后续实施行为；在公开日到授权日之间，为发明专利申请提供的是临时保护，在此期间实施相关发明，不为《专利法》所禁止，同样也应当允许实施发明得到的产品在此期间之后的后续实施行为，但申请人在获得专利权后有权要求在临时保护期内实施其发明者支付适当费用。由于《专利法》没有禁止发明专利授权前的实施行为，则专利授权前制造出来的产品的后续实施也不构成侵权。否则就违背了《专利法》的立法初衷，为尚未公开或者授权的技术方案提供了保护。

在该题中，乙销售被诉专利侵权产品是在涉案发明专利临时保护期内，该行为不为《专利法》所禁止。在此情况下，后续丙使用所购买的被诉专利侵权产品的行为也应当得到允许。因此，丙后续的使用行为不侵犯涉案发明专利权。同理，乙在涉案发明专利授权后为丙使用被诉专利侵权产品提供售后服务也不侵犯涉案发明专利权。因此，选项A、C的说法是错误的，选项B、D的说法是正确的。

综上，本题答案为：B、D。

100. 关于专利文献种类，下列说法正确的是？
　　A. CN××××××××A 表示一篇发明专利申请公布文本
　　B. CN××××××××B 表示一篇发明专利授权公告文本

C. CN×××××××××Y 表示一篇实用新型专利授权公告文本

D. CN×××××××××U 表示一篇实用新型专利权部分宣告无效的公告文本

【答案】A B

【知识点】专利文献号的含义

【解析】《中国专利文献种类标识代码》(ZC 0008—2012)第 4.2 节规定了专利文献种类标识代码中字母的含义：A 发明专利申请公布、B 发明专利授权公告、C 宣告发明专利权部分无效的公告、U 实用新型专利授权公告、Y 宣告实用新型专利权部分无效的公告、S 外观设计专利授权公告或宣告专利权部分无效的公告。故选项 A、B 的说法正确，选项 C、D 的说法不正确。

综上，本题答案为：A、B。

相关法律知识

答题须知：

1. 本试卷共有100题，每题1分，总分100分。
2. 本试卷要求应试者在机考试卷上选择答案。
3. 本试卷所有试题的正确答案均以现行的法律、法规、规章、相关司法解释和国际条约为准。

一、单项选择题（每题所设选项中只有一个正确答案，多选、错选或不选均不得分。）本部分含1～30题，每题1分，共30分。

1. 甲诉某专利的专利权利人乙专利权权属纠纷一案正在审理中，证据交换阶段乙觉得自己胜诉无望，随即向国家知识产权局提出放弃该专利的申请，乙的行为违背民法的下列哪一基本原则？

A．平等原则
B．自愿原则
C．公平原则
D．诚信原则

【答案】D
【知识点】民法的基本原则
【解析】《民法总则》第四条规定，民事主体在民事活动中的法律地位一律平等。因此，平等原则是指任何民事主体在民事关系中平等地享有权利，其权利平等地受到保护。在该题中，甲、乙法律地位平等，乙实施的行为没有利用法律地位上的优势，故选项A错误。《民法总则》第五条规定，民事主体从事民事活动，应当遵循自愿原则，按照自己的意思设立、变更、终止民事法律关系。自愿原则即意思自治原则，当事人可以根据自己的意愿，从事民事活动。在该题中，乙并未强迫甲实施违反其内心意愿的行为，故没有违反自愿原则，选项B错误。《民法总则》第六条规定，民事主体从事民事活动，应当遵循公平原则，合理确定各方的权利和义务。在民事主体之间发生利益纠纷时，以权利义务是否均衡来平衡双方的利益，在该题中，并没有因乙的行为而导致双方的权利义务失衡，故选项C错误。《民法总则》第七条规定，民事主体从事民事活动，应当遵循诚信原则，秉持诚实，恪守承诺。该原则要求民事主体在从事民事活动时要讲诚信、守信用，正当行使权利和履行义务，其核心在于诚实不欺、善意、信守诺言。在该题中，乙虽然在行使自己的权利，但该恶意放弃可能属于他人权利的行为，显属于违背善意行使权利的诚信原则的体现，故选项D正确。

综上，本题答案为：D。

2. 关于《民法总则》对法人分类的规定，下列哪些表述是正确的？
   A. 社团法人、营利法人、机关法人
   B. 营利法人、非营利法人、特别法人
   C. 机关法人、企业法人、特别法人
   D. 企业法人、非营利法人、财团法人

【答案】B
【知识点】法人的概念和分类
【解析】《民法总则》第三章法人规定了法人的新分类。根据第二节"营利法人"、第三节"非营利法人"和第四节"特别法人"的标题，《民法总则》对法人的分类为营利法人、非营利法人和特别法人。故选项B正确。

综上，本题答案为：B。

3. 一般情况下，自然人的出生时间和死亡时间，以_____记载的时间为准。
   A. 出生证明、死亡证明
   B. 户籍登记证明、死亡证明
   C. 出生证明、居委会出具的证明
   D. 户籍登记证明、居委会出具的证明

【答案】A
【知识点】自然人出生时间和死亡时间的认定
【解析】《民法总则》第十五条规定，自然人的出生时间和死亡时间，以出生证明、死亡证明记载的时间为准；没有出生证明、死亡证明的，以户籍登记或者其他有效身份登记记载的时间为准。有其他证据足以推翻以上记载时间的，以该证据证明的时间为准。由于《民法总则》关于自然人的出生和死亡时间的规定和原来《民通意见》第一条的规定不一致，故要以《民法总则》第十五条的相应规定为准。故选项A正确。

综上，本题答案为：A。

4. 根据《民法总则》的规定，向人民法院请求保护民事权利的诉讼时效期间为多少年？
   A. 一年
   B. 两年
   C. 三年
   D. 以上均不正确

【答案】C
【知识点】一般诉讼时效的期间
【解析】《民法总则》第一百八十八条第一款规定，向人民法院请求保护民事权利的诉讼时效期间为3年。法律另有规定的，依照其规定。《民法总则》将《民法通则》规定的2年一般诉讼时效期间延长至3年，故选项C正确。

综上，本题答案为：C。

5. 甲6月10日向乙发信，表示欲购某型号钢材并称必须采用合同书形式订立合同。乙与甲通话表示同意，并与之商定了钢材的型号、单价和数量，乙随即制作了合同书并寄出，于6月13日到达甲处，甲于6月16日在合同书上签字后寄往乙处，乙收到后于6月19日在合同书上签字，6月22日双方经商议又签订了一份确认书。甲乙之间的合同于何时成立？

  A.6月13日
  B.6月16日
  C.6月19日
  D.6月22日

【答案】C

【知识点】合同成立时间

【解析】《合同法》第三十二条规定，当事人采用合同书形式订立合同的，自双方当事人签字或盖章时合同成立。甲、乙双方已经约定了采用合同书的形式订立合同，因此当最后一方（乙方）在合同书上签字时，合同成立。故选项C正确，选项A、B错误。虽然《合同法》第三十三条规定在采用信件形式订立合同时，合同自签订确认书时成立，但前提条件是签订确认书在"合同成立前"，故选项D错误。

综上，本题答案为：C。

6. 根据《合同法》的规定，下列哪些合同无效？

  A. 甲装饰公司卖给乙公司100盏吸顶灯，乙公司发现甲公司营业执照上的核准经营范围仅为装饰业务，遂诉请求法院确认该买卖合同无效
  B. 被九岁小学生丙扶起的老奶奶丁将玉佩赠与丙
  C. 戊将他人交其保管的手表卖给己
  D. 庚将其合法持有的猎枪出售给未取得持枪许可的朋友辛

【答案】D

【知识点】合同的效力

【解析】《最高人民法院关于适用〈中华人民共和国合同法〉若干问题的解释（一）》（法释〔1999〕19号）第十条规定，当事人超越经营范围订立合同，人民法院不因此认定合同无效。故选项A的合同有效。根据《合同法》第九条和《民法总则》第十九条的规定，虽然九岁的小学生丙属于限制民事行为能力人，但受赠与属于纯获利益的民事法律行为，丙可以实施。故选项B的赠与合同有效。根据《合同法》第五十一条的规定，戊无权处分他人财产，合同并非当然无效。另根据《最高人民法院关于审理买卖合同纠纷案件适用法律问题的解释》（法释〔2012〕8号）第三条的规定，无权处分他人财产的合同系有效合同。故选项C的合同有效。根据《合同法》第五十二条第（五）项的规定，庚出售猎枪的行为违反《刑法》，属于违反法律强制性规定的行为，合同无效。因此，选项D的合同无效。

综上，本题答案为：D。

7. 甲、乙订立合作开发协议，约定共同完成一项发明，但就该项发明的专利申请权未作约定，下列说法错误的是？

  A. 如果甲不同意申请专利，乙可以自行申请

  B. 如果甲放弃其专利申请权，乙可以单独申请，但取得专利后，甲有免费使用的权利

  C. 如果甲准备转让其专利申请权，必须订立书面合同

  D. 如果甲准备转让其专利申请权，乙在同等条件下有优先受让的权利

【答案】A

【知识点】技术开发合同当事人的权利分配

【解析】根据《合同法》第三百四十条的规定，合作开发完成的发明创造，除当事人另有约定的以外，申请专利的权利属于合作开发的当事人共有。当事人一方转让其共有的专利申请权的，其他各方享有以同等条件优先受让的权利。合作开发的当事人一方声明放弃其共有的专利申请权的，可以由另一方单独申请或者由其他各方共同申请。申请人取得专利权的，放弃专利申请权的一方可以免费实施该专利。合作开发的当事人一方不同意申请专利的，另一方或者其他各方不得申请专利。同时，《专利法》第十条第三款规定，转让专利申请权或者专利权的，当事人应当订立书面合同，并向国务院专利行政部门登记，由国务院专利行政部门予以公告。因此，选项B、C、D正确，选项A错误。

综上，本题答案为：A。

8. 下列主体中，不可以作为民事诉讼委托代理人的是？

  A. 原告的岳父

  B. 公司的实习生

  C. 专利纠纷诉讼中，由中华全国代理人协会推荐的专利代理人

  D. 离婚诉讼中，某基层法律服务所的工作人员

【答案】B

【知识点】委托诉讼代理人的资格

【解析】根据《民事诉讼法》第五十八条第二款的规定，可以被委托为诉讼代理人的有：律师、基层法律服务工作者；当事人的近亲属或者工作人员；当事人所在社区、单位以及有关社会团体推荐的公民。在此基础上，《最高人民法院关于适用〈中华人民共和国民事诉讼法〉的解释》（法释〔2015〕5号）（以下简称《民诉解释》）第八十四条至第八十七条进一步细化了上述主体的范围，其中，第八十五条规定，与当事人有夫妻、直系血亲、三代以内旁系血亲、近姻亲关系以及其他有抚养、赡养关系的亲属，可以当事人近亲属的名义作为诉讼代理人。因此，选项A属于近姻亲；选项C属于有关社会团体推荐的公民；选项D属于基层法律服务工作者，故均正确。而选项B的实习生不属公司的工作人员，故错误。

综上，本题答案为：B。

9. 甲和乙是同乡，现都在北京市海淀区工作。甲在深圳市南山区有一套住房，经协商，同意以 400 万元的价格将房屋卖给乙。双方在北京签订了合同，乙一次性支付了房款，后办理了房屋产权过户手续。现甲之妻以卖房未经其同意为由，要求乙返还房产。据此，本案应当由哪个人民法院管辖？

  A. 北京市海淀区人民法院

  B. 深圳市南山区人民法院

  C. 北京市海淀区人民法院或者深圳市南山区人民法院

  D. 最先受理甲之妻起诉的人民法院

【答案】B

【知识点】专属管辖

【解析】《民事诉讼法》第三十三条规定，因不动产纠纷提起的诉讼，由不动产所在地的人民法院管辖。该案属于专属管辖的情形，因此选项 B 正确。

  综上，本题答案为：B。

10. 关于民事诉讼证据的理解，下列选项中正确的有？

  A. 存储在电子介质上的录音资料，适用电子数据的相关规定

  B. 民事诉讼中的证人只能是自然人

  C. 若法院责令对方当事人提交相关书证，则因提交书证所产生的费用，应当由申请文书提出命令的一方当事人垫付，由提交方当事人最终承担

  D. 书证应当提交原件，但如果原件在对方当事人控制之下，则可以提交复制品

【答案】A

【知识点】证据

【解析】根据《民诉解释》第一百一十六条第三款的规定，存储在电子介质上的录音资料和音像资料，适用电子数据的相关规定。故选项 A 正确。根据《民事诉讼法》第七十二条的规定，凡是知道案件情况的单位和个人，都有义务出庭作证。故选项 B 错误。根据《民诉解释》第一百一十二条第二款规定，因提交书证产生的费用，由申请方当事人承担，即"谁申请、谁承担"。故选项 C 错误。根据《民事诉讼法》第七十条第一款和《民诉解释》第一百一十一条的规定，书证应当提交原件，但提交原件确有困难的，可以提交复制品。所谓"提交书证原件确有困难"的情形包括"原件在他人控制之下"，但还需同时满足合法通知提交而拒不提交这一条件，因此选项 D 错误。

  综上，本题答案为：A。

11. 某民事诉讼案件经人民法院调解，双方当事人达成协议。后人民法院制作调解书，由审判人员、书记员署名并加盖人民法院印章，送达双方当事人。下列关于该调解书法律效力的说法哪些是正确的？

  A. 调解书制作完成，即具有法律效力

B. 调解书由审判人员、书记员署名，加盖人民法院印章，即具有法律效力

C. 调解书自人民法院向双方当事人发出之日起，即具有法律效力

D. 调解书经双方当事人签收后，即具有法律效力

【答案】D

【知识点】调解书的生效时间

【解析】根据《民事诉讼法》第九十七条第三款的规定，调解书经双方当事人签收后，即具有法律效力。因此，选项D正确。

综上，本题答案为：D。

12. 王某在未取得营业执照的情况下，在街道上销售活鸡鸭，市城管局查获王某的无照经营行为，扣押了王某的电子秤一个，鸡鸭数只，王某在城管局实施扣押的过程中与城管人员发生冲突阻碍扣押，城管人员报警，区公安局对王某作出行政拘留5日的处罚决定，王某不服，申请行政复议，下列哪一说法是正确的？

A. 王某申请行政复议，应当向市公安局提出

B. 王某可以口头委托2名代理人参加行政复议

C. 复议机关应当在60天内作出复议决定，不得延长

D. 复议机关可以向王某收取办理行政复议案件所需的费用

【答案】B

【知识点】行政复议机关、程序

【解析】《行政复议法》第十二条第一款规定，对县级以上地方各级人民政府工作部门的具体行政行为不服的，由申请人选择，可以向该部门的本级人民政府申请行政复议，也可以向上一级主管部门申请行政复议。王某既可以向市公安局提出，也可以向区政府提出，故选项A错误。《行政复议法实施条例》第十条规定，申请人、第三人可以委托1至2名代理人参加行政复议。申请人、第三人委托代理人的，应当向行政复议机构提交授权委托书。授权委托书应当载明委托事项、权限和期限。公民在特殊情况下无法书面委托的，可以口头委托。口头委托的，行政复议机构应当核实并记录在卷。申请人、第三人解除或者变更委托的，应当书面报告行政复议机构。因此，王某可以口头委托2名代理人参加复议，选项B正确。《行政复议法》第三十一条第一款规定，行政复议机关应当自受理申请之日起60日内作出行政复议决定；但是法律规定的行政复议期限少于60日的除外。情况复杂，不能在规定期限内作出行政复议决定的，经行政复议机关的负责人批准，可以适当延长，并告知申请人和被申请人；但是延长期限最多不超过30日。选项C错误。《行政复议法》第三十九条规定，行政复议机关受理行政复议申请，不得向申请人收取任何费用。选项D错误。

综上，本题答案为：B。

13. 甲公司通过暗管的方式直接将污水排入地下，被区环保局吊销排污许可证，罚款500万元。甲公司对此不服，申请行政复议，下列说法错误的是？

A. 复议机关若认定该行为违反法定程序，可以予以变更

B. 复议机关若认定罚款 500 万元合法但不合理，可以予以变更

C. 复议机关若认定吊销排污许可证和罚款均合理合法，作出维持决定

D. 复议机关若认定该处罚幅度不合理，可以对双方进行调解

【答案】A

【知识点】行政复议决定的种类

【解析】《行政复议法》第二十八条第一款规定，行政复议机关负责法制工作的机构应当对被申请人作出的具体行政行为进行审查，提出意见，经行政复议机关的负责人同意或者集体讨论通过后，按照下列规定作出行政复议决定：（一）具体行政行为认定事实清楚，证据确凿，适用依据正确，程序合法，内容适当的，决定维持；（二）被申请人不履行法定职责的，决定其在一定期限内履行；（三）具体行政行为有下列情形之一的，决定撤销、变更或者确认该具体行政行为违法；决定撤销或者确认该具体行政行为违法的，可以责令被申请人在一定期限内重新作出具体行政行为：1. 主要事实不清、证据不足的；2. 适用依据错误的；3. 违反法定程序的；4. 超越或者滥用职权的；5. 具体行政行为明显不当的。（四）被申请人不按照该法第二十三条的规定提出书面答复、提交当初作出具体行政行为的证据、依据和其他有关材料的，视为该具体行政行为没有证据、依据，决定撤销该具体行政行为。程序违法，应责令重做，而非变更，选项 A 错误；选项 B、C 正确。《行政复议法实施条例》第五十条规定，有下列情形之一的，行政复议机关可以按照自愿、合法的原则进行调解：（一）公民、法人或者其他组织对行政机关行使法律、法规规定的自由裁量权作出的具体行政行为不服申请行政复议的；（二）当事人之间的行政赔偿或者行政补偿纠纷。当事人经调解达成协议的，行政复议机关应当制作行政复议调解书。调解书应当载明行政复议请求、事实、理由和调解结果，并加盖行政复议机关印章。行政复议调解书经双方当事人签字，即具有法律效力。调解未达成协议或者调解书生效前一方反悔的，行政复议机关应当及时作出行政复议决定。故选项 D 正确。

综上，本题答案为：A。

14. 甲某对专利复审委员会作出的宣告其专利权全部无效的审查决定不服提起行政诉讼，经审理查明，无效宣告请求人乙某的身份被盗用，授权委托书上的签名系伪造，下列裁判方式正确的是？

A. 撤销无效宣告审查决定，并判令专利复审委员会就该无效请求重新作出审查决定

B. 撤销无效宣告审查决定

C. 鉴于专利法规定任何人均可以提出无效宣告请求，判决驳回甲的诉讼请求

D. 鉴于专利法规定任何人均可以提出无效宣告请求，判决维持无效宣告审查决定

【答案】B

【知识点】行政诉讼的判决

【解析】根据《行政诉讼法》第七十条的规定，人民法院判决撤销或者部分撤销的情形，

可以判决被告重新作出行政行为。可见，判决撤销的，并不一定同时判令重新作出行政行为。在该案中，乙某的身份被盗用，提出无效宣告请求并非乙某的真实意思表示，无效宣告审查决定的作出违反法定程序，应予撤销。如果专利复审委员会重新审查，则在收到该无效宣告请求时即知晓乙某身份被盗用这一情况，依法应当不予受理，而不会作出审查决定。在该无效宣告审查决定被撤销后，判令专利复审委员会重新作出无效宣告审查决定是不合理的，也与撤销的目的相悖。故选项B正确，选项A、C、D错误。

综上，本题答案为：B。

15. 养殖户梅某根据市政府的建议，扩大了生猪养殖，结果全国生猪养殖产能过剩，猪肉价格暴跌，该养殖户损失200万元。该市畜牧局执法人员黄某到梅某养殖基地进行检疫时，梅某阻拦，黄某将梅某打成轻微伤。下列说法正确的是？

　　A. 市政府的行为是履行行政职权的行为
　　B. 梅某不服市政府的行为，可以提起行政诉讼
　　C. 市政府应当对梅某的养殖损失进行补偿
　　D. 对黄某人身侵权行为的，梅某不可以提起行政诉讼，但可以提起民事诉讼

【答案】A

【知识点】行政赔偿范围

【解析】市政府的行为在性质上属于行政指导，是履行行政职权的行为。所谓行政指导是指行政机关采取建议、鼓励、劝告等不具有强制力的方式，劝导行政相对人配合行政机关以达到一定的管理目的。故选项A正确。行政指导不具有强制力，并不必然地对当事人权利义务产生影响，没有处分性，不可诉，当事人应当自负盈亏。故选项B、C错误。《国家赔偿法》第三条规定，行政机关及其工作人员在行使行政职权时有下列侵犯人身权情形之一的，受害人有取得赔偿的权利；……（三）以殴打、虐待等行为或者唆使、放纵他人以殴打、虐待等行为造成公民身体伤害或者死亡的；……。黄某是行政机关工作人员，在履行职权过程中实施侵权行为造成的损失，适用《国家赔偿法》解决，而不是提起民事诉讼。因此，选项D错误。

综上，本题答案为：A。

16. 区食药局根据《食品安全法》第一百二十三条，以"用回收食品作为原料生产食品"为由对甲公司作出罚款300万元、责令停产停业一年的决定。甲公司不服，向市食药局申请行政复议。市食药局根据《食品安全法》第一百二十四条，以"用超过保质期的食品原料生产食品"为由对甲公司作出罚款300万元、责令停产停业一年的决定。甲公司不服，提起行政诉讼。下列说法正确的是？

　　A. 本案的被告是市食药局
　　B. 本案的被告是区食药局和市食药局
　　C. 本案的被告是市食药局，区食药局是第三人

D. 若只起诉了区食药局，法院将市食药局直接列为共同被告

【答案】B

【知识点】行政复议与行政诉讼的衔接

【解析】《行政诉讼法》第二十六条第二款规定，经复议的案件，复议机关决定维持原行政行为的，作出原行政行为的行政机关和复议机关是共同被告。《最高人民法院关于适用〈中华人民共和国行政诉讼法〉的解释》（法释〔2018〕1号）（以下简称《行诉解释》）第二十二条规定，复议机关改变原行政行为所认定的主要事实和证据、改变原行政行为所适用的规范依据，但未改变原行政行为处理结果的，视为复议机关维持原行政行为。可知，该案属于复议维持案件，被告是作出原行政行为的行政机关（区食药局）和复议机关（市食药局）。故选项A、C错误，选项B正确。《行诉解释》第二十六条规定，原告所起诉的被告不适格，人民法院应当告知原告变更被告；原告不同意变更的，裁定驳回起诉。应当追加被告而原告不同意追加的，人民法院应当通知其以第三人的身份参加诉讼，但行政复议机关作共同被告的除外。可知，若只起诉了区食药局，法院应当告知原告追加市食药局被告。原告不同意追加的，人民法院应当将市食药局列为共同被告。故选项D错误。

综上，本题答案为：B。

17. 行政诉讼过程中，在下列哪些情形下，人民法院可以按照撤诉处理？

A. 外地原告开庭前一天收到传票无法出庭的

B. 上诉人认为人民法院偏袒被上诉人，未经法庭许可中途退庭的

C. 原告申请撤诉，人民法院裁定不予准许，经合法传唤无正当理由拒不到庭的

D. 被告改变原具体行政行为，原告不撤诉的

【答案】B

【知识点】视为撤诉

【解析】根据《行政诉讼法》第五十八条的规定，经人民法院传票传唤，原告无正当理由拒不到庭，或者未经法庭许可中途退庭的，可以按照撤诉处理。二审程序中上诉人未经法庭许可中途退庭的，应当参照对于原告相同行为的规定，按照撤诉处理，选项B正确。在选项A中，原告存在正当理由，不应按照撤诉处理。在选项C中，根据《行诉解释》第七十九条第一款的规定，原告申请撤诉，人民法院裁定不予准许的，原告经传票传唤无正当理由拒不到庭，可以缺席判决。在选项D中，根据《行诉解释》第八十一条第三款的规定，原告可以要求确认原行政行为违法，法院应当依法作出确认判决。

综上，本题答案为：B。

18. 根据《著作权法》的规定，下列哪一项不受《著作权法》的保护？

A. 某学者根据法律条文、影响力大小等因素编排的司法判决选编

B. 律师在法庭上发表的代理词

C. 某人利用业余时间翻译的《中华人民共和国宪法》英文稿

D. 国家知识产权局发布的《专利审查指南》

【答案】D

【知识点】著作权的客体

【解析】根据《著作权法》第十四条的规定，汇编不构成作品的其他材料的，只要对内容的选择或者编排体现独创性，就能构成受著作权保护的汇编作品。在选项A中，某学者根据法律条文、影响力大小等因素编排的司法判决选编，体现出独创性，可以享有著作权。同理选项B也受《著作权法》的保护。在选项C中，某人自行翻译的《中华人民共和国宪法》英文稿，并不属于《著作权法》第五条第（一）项规定的法律的官方正式译文，可以享有著作权。选项D中的《专利审查指南》是部门规章，属于国家机关具有立法性质的文件，不受《著作权法》保护。

综上，本题答案为：D。

19. 周某在甲网站发表小说《公民的名义》，该网站以故事情节设计不合理为由将小说删除。周某交涉无果后，不得已以"木森"为笔名向乙网站投稿，乙网站认为作者原名更有利于作品的传播，遂直接将小说署名更改为作者原名周某并提供在线阅读。丙编剧征得乙网站许可后，将小说改编为电视剧本，最后由著名导演李大路执导拍摄同名电视剧。该剧播出后，迅速走红。对此，下列哪一说法是正确的？

　　A. 甲网站删除小说的行为侵犯了周某发表权
　　B. 乙网站更改署名的行为侵犯了周某署名权
　　C. 丙编剧改编小说的行为符合著作权法规定
　　D. 同名电视剧的著作权人归属于导演李大路

【答案】B

【知识点】发表权署名权改编权电影作品的权利归属

【解析】根据《著作权法》第十条第一款第（二）项的规定，发表权，即决定作品是否公之于众的权利。发表权属于一次性权利，作品一旦发表，发表权即已经行使完毕。作者在甲网站已经完成发表行为，故选项A不当选。根据《著作权法》第十条第一款第（二）项的规定，署名权，即表明作者身份，在作品上署名的权利。是否署名及署名权的行使方式由作者决定，可以署真名，也可以署笔名。在作者署笔名的情况下，乙网站擅自更改为真名，侵犯了周某的署名权，故选项B当选。改编作品需要获得作者的许可并支付许可费，丙编剧并未经过作者周某许可，不符合《著作权法》第十二条有关改编作品的规定，故选项C不当选。根据《著作权法》第十五条第一款的规定，电影作品和以类似摄制电影的方法创作的作品的著作权由制片者享有，但编剧、导演、摄影、作词、作曲等作者享有署名权，并有权按照与制片者签订的合同获得报酬。因此，同名电视剧的著作权人应该为制片人而非导演，故选项D不当选。

综上，本题答案为：B。

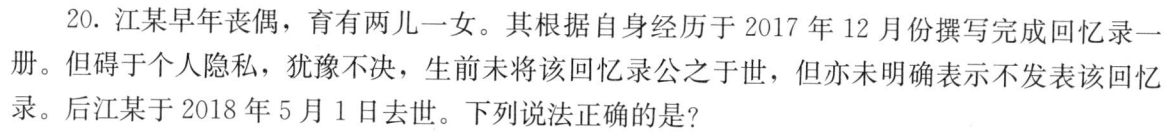

20. 江某早年丧偶，育有两儿一女。其根据自身经历于 2017 年 12 月份撰写完成回忆录一册。但碍于个人隐私，犹豫不决，生前未将该回忆录公之于世，但亦未明确表示不发表该回忆录。后江某于 2018 年 5 月 1 日去世。下列说法正确的是？

　　A. 江某已去世，其著作权不再受到法律保护
　　B. 该回忆录的著作财产权截止于 2068 年 5 月 1 日
　　C. 江某关于回忆录的署名权、发表权、修改权、保护作品完整权的保护期不受限制
　　D. 在江某死亡后 50 年内，其子女可以决定该回忆录是否发表

【答案】D

【知识点】自然人作品相关权利的保护期限

【解析】《著作权法》第二十条规定，作者的署名权、修改权、保护作品完整权的保护期不受限制。故选项 A、C 错误。《著作权法》第二十一条第一款规定，公民的作品，其发表权、该法第十条第一款第（五）项至第（十七）项规定的权利的保护期为作者终生及其死亡后 50 年，截止于作者死亡后第 50 年的 12 月 31 日；如果是合作作品，截止于最后死亡的作者死亡后第 50 年的 12 月 31 日。故选项 B 错误。《著作权实施条例》第十七条规定，作者生前未发表的作品，如果作者未明确表示不发表，作者死亡后 50 年内，其发表权可由继承人或者受遗赠人行使；没有继承人又无人受遗赠的，由作品原件的所有人行使。故选项 D 正确。

　　综上，本题答案为：D。

21. 法国公民汤姆逊用汉语创作了一篇小说发表在我国某文学杂志上，发表时未做任何声明。根据著作权法的规定，下列哪些行为可以不经汤姆逊许可？

　　A. 将其小说翻译成少数民族语言在中国出版发行
　　B. 将其小说翻译成英文在中国出版发行
　　C. 将其小说改成盲文在中国出版浏览
　　D. 将其小说收录在自建的网站中供公众点击

【答案】C

【知识点】著作权的限制

【解析】根据《著作权法》第二十二条第一款第（十一）项的规定，将中国公民已经发表的以汉语创作的作品翻译成少数民族语言在中国出版发行可以不经著作权人许可。汤姆逊不属于中国公民，将其作品翻译为少数民族语言文字出版发行的，应当经过其许可。故选项 A 错误。将小说翻译为英文、收录在自建网站中供公众点击，应当经过汤姆逊的许可，否则分别侵犯了汤姆逊的翻译权和信息网络传播权。故选项 B、D 错误。选项 C 属于《著作权法》第二十二条第（十二）项规定的行为，属于合理使用。

　　综上，本题答案为：C。

22. 下列不属于软件著作权人享有的权利的是？

　　A. 署名权

B. 保护作品完整权

C. 出租权

D. 信息网络传播权

【答案】B

【知识点】软件著作权的内容

【解析】该题考查软件著作权人的权利内容。《计算机软件保护条例》第八条规定，软件著作权人享有下列各项权利：（一）发表权；（二）署名权；（三）修改权；（四）复制权；（五）发行权；（六）出租权；（七）信息网络传播权；（八）翻译权；（九）应当由软件著作权人享有的其他权利。可见，软件著作权人并不享有保护作品完整权。因此，选项B正确，选项A、C、D错误。

综上，本题答案为：B。

23. 电视剧《一切为了人民》播出后迅速走红。在该电视剧在各大卫视分集热播阶段，甲聘请丙将播放画面中的"李大路出品，复制必究"的水印去除，然后将全集上传至乙网站供公众免费点播，乙网站为提高浏览量默许甲的行为。权利人江东电视台知晓后，要求乙网站断开链接、删除内容，乙网站接到通知立即采取了上述措施。下列哪一说法是错误的？

A. 甲侵害了权利人的信息网络传播权

B. 乙网站无须对权利人承担侵权责任

C. 丙实施了删除权利管理电子信息的违法行为

D. 著作权行政管理部门有权要求乙网站提供甲的姓名和网址

【答案】B

【知识点】信息网络传播权

【解析】根据《著作权法》第十条第一款第（十二）项的规定，信息网络传播权，即以有线或者无线方式向公众提供作品，使公众可以在其个人选定的时间和地点获得作品的权利。电视剧著作权人享有信息网络传播权，甲未经许可上传至乙网站，侵害了著作权人的信息网络传播权，故选项A正确。

根据《信息网络传播权保护条例》第二十三条的规定，网络服务提供者为服务对象提供搜索或者链接服务，在接到权利人的通知书后，根据该条例规定断开与侵权的作品、表演、录音录像制品的链接的，不承担赔偿责任；但是，明知或者应知所链接的作品、表演、录音录像制品侵权的，应当承担共同侵权责任。乙网站虽然及时断开链接，但属于明知所链接内容侵权情况，应当承担共同侵权责任，故选项B错误。

根据《信息网络传播权保护条例》第二十六条的规定，权利管理电子信息，是指说明作品及其作者、表演及其表演者、录音录像制品及其制作者的信息，作品、表演、录音录像制品权利人的信息和使用条件的信息，以及表示上述信息的数字或者代码。丙的行为属于删除权利管理电子信息，故选项C正确。

根据《信息网络传播权保护条例》第十三条的规定，著作权行政管理部门为了查处侵犯

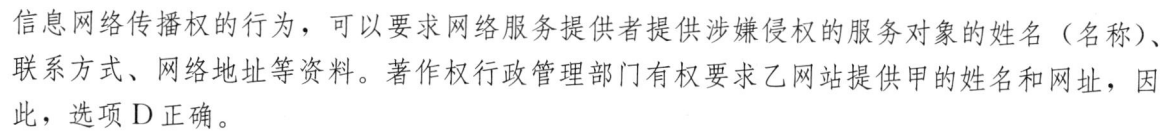

信息网络传播权的行为，可以要求网络服务提供者提供涉嫌侵权的服务对象的姓名（名称）、联系方式、网络地址等资料。著作权行政管理部门有权要求乙网站提供甲的姓名和网址，因此，选项D正确。

综上，本题答案为：B。

24. 根据《商标法》及相关规定，关于地理标志的说法正确的是？
   A. 地理标志注册为商标必须为集体商标或证明商标
   B. 商标中有商品的地理标志，误导公众的，不予注册但可以使用
   C. 商标中有商品的地理标志，由于该商品并非来源于该标志所标示的地区，误导公众，即便已经善意取得注册仍可宣告无效
   D. 地理标志商标与普通商标之间不能进行近似性比较

【答案】A

【知识点】地理标志

【解析】《商标法实施条例》第四条第一款规定，《商标法》第十六条规定的地理标志，可以依照《商标法》和该条例的规定，作为证明商标或者集体商标申请注册。故选项A正确。《商标法》第十六条第一款规定，商标中有商品的地理标志，而该商品并非来源于该标志所标示的地区，误导公众的，不予注册并禁止使用；但是，已经善意取得注册的继续有效。故选项B、C错误。根据《最高人民法院关于审理商标授权确权行政案件若干问题的规定》（法释〔2017〕2号）第十七条的规定，地理标志与普通商标之间可进行近似性比较，故选项D错误。

综上，本题答案为：A。

25. 某食品厂于2001年6月5日在其生产的糕点上使用了X商标。2005年10月20日该厂正式向商标局申请注册该商标。2007年3月5日商标局初步审定并予公告。2007年6月5日公告期满，该商标被核准注册。据此，该注册商标有效期自何时起计算？
   A. 2001年6月5日
   B. 2005年10月20日
   C. 2007年3月5日
   D. 2007年6月5日

【答案】D

【知识点】注册商标的保护期

【解析】《商标法》第三十九条规定，注册商标的有效期自核准注册之日起计算。因此，选项D正确，选项A、B、C错误。

综上，本题答案为：D。

26. 关于《商标法》所称的"商品商标的使用"，以下说法正确的是？
   A. 商标的使用必须将商标贴附在商品上
   B. 商标的使用不能脱离商品而使用
   C. 商标的使用可以在非商业活动中
   D. 商标的使用是指商标能够识别商品来源的行为

【答案】D
【知识点】商标使用的规定
【解析】《商标法》第四十八条规定，该法所称商标的使用，是指将商标用于商品、商品包装或者容器以及商品交易文书上，或者将商标用于广告宣传、展览以及其他商业活动中，用于识别商品来源的行为。因此，选项D正确，选项A、B、C错误。

综上，本题答案为：D。

27. 甲公司生产的手表，因质量上乘、款式新颖、价廉物美而深受消费者的喜爱。乙公司大量购入这种手表后，未经甲公司同意，将手表上甲公司的注册商标换成乙公司的注册商标予以销售。对乙公司的行为，下列说法哪些是正确的？
   A. 乙公司的行为不构成侵犯注册商标专用权的行为，因为其使用的是自己的注册商标
   B. 乙公司的行为不构成侵犯注册商标专用权的行为，因为甲公司的注册商标已经权利用尽
   C. 乙公司的行为不构成侵犯注册商标专用权的行为，但属于不正当竞争行为
   D. 乙公司的行为构成侵犯注册商标专用权的行为

【答案】D
【知识点】商标侵权行为
【解析】《商标法》第五十七条第（五）项，未经商标注册人同意，更换其商标并将该更换商标的商品又投入市场的，侵犯注册商标专用权。因此，选项D正确，选项A、B、C错误。

综上，本题答案为：D。

28. 当事人对国家知识产权局作出的下列哪项具体行政行为不服的，不能申请复议？
   A. 不予受理布图设计申请的
   B. 驳回布图设计登记申请的
   C. 将布图设计申请视为撤回的
   D. 给予使用其布图设计的非自愿许可的

【答案】B
【知识点】集成电路布图设计的复审
【解析】根据《集成电路设计保护条例实施细则》第二十八条的规定，当事人对国家知识产权局作出的下列具体行政行为不服或者有争议的，可以向国家知识产权局行政复议部门

申请复议：（一）不予受理布图设计申请的；（二）将布图设计申请视为撤回的；……。因此，选项A、C可以申请复议。根据《集成电路设计保护条例》第十九条的规定，当事人对驳回其登记申请的决定不服的，应当向国务院知识产权行政部门请求复审，而非申请复议。因此，选项B不可以申请复议。根据《国家知识产权局行政复议规程》第四条和第五条的规定，集成电路布图设计权利人对非自愿许可报酬的裁决不服，不能申请复议。但对于非自愿许可的决定可提起复议申请。

综上，本题答案为：B。

29. 某公司于2007年5月6日在外国就某果树新品种提出品种权申请并被受理，2007年10月9日就同一品种在中国提出品种权申请，要求享有优先权并及时提交了相关文件。我国审批机关于2008年10月31日授予其品种权。关于该品种权，下列说法哪些是正确的？

　　A. 保护期从2007年5月6日起计算

　　B. 保护期从2007年10月9日起计算

　　C. 保护期从2008年10月31日起计算

　　D. 该品种权的保护期是10年

【答案】C

【知识点】植物新品种权的保护期

【解析】根据《植物新品种保护条例》第三十四条的规定，果树新品种权的保护期为20年，自授予品种权之日起计算。因此，选项C正确，选项A、B、D错误。

综上，本题答案为：C。

30. 根据《与贸易有关的知识产权协定》的规定，关于知识产权的保护，一成员对任何其他国家的国民授予的任何利益、优惠、特权或豁免，应当立即无条件地给予所有其他成员的国民。上述规定可以概括为什么原则？

　　A. 对等原则

　　B. 差别待遇原则

　　C. 国民待遇原则

　　D. 最惠国待遇原则

【答案】D

【知识点】最惠国待遇原则的定义

【解析】根据《与贸易有关的知识产权协定》（以下简称"TRIPS"）第四条"最惠国待遇"的规定，关于知识产权的保护，一成员对任何其他国家的国民授予的任何利益、优惠、特权或豁免，应当立即无条件地给予所有其他成员的国民。因此，选项D正确，选项A、B、C错误。

综上，本题答案为：D。

二、多项选择题（每题所设选项中至少有两个正确答案，多选、少选、错选或不选均不得分）。本部分含31～100题，每题1分，共70分。

31. 根据《民法总则》的相关规定，下列哪些属于限制民事行为能力人？
   A.6岁上初中的神童甲
   B.18岁依靠父母资助上大学的乙
   C.9岁在读小学生丙
   D.16岁已经掌握一定维修技术的技校生丁

【答案】CD

【知识点】自然人的民事行为能力

【解析】《民法总则》第二十条规定，不满8周岁的未成年人为无民事行为能力人，由其法定代理人代理实施民事法律行为。所以6岁的甲不满8周岁，属于无民事行为能力人。故选项A不当选。《民法总则》第十七条规定，18周岁以上的自然人为成年人。第十八条第一款规定，成年人为完全民事行为能力人。乙年满18周岁，属于完全民事行为能力人。故选项B不当选。《民法总则》第十九条规定，8周岁以上的未成年人为限制民事行为能力人，实施民事法律行为由其法定代理人代理或者经其法定代理人同意、追认，但是可以独立实施纯获利益的民事法律行为或者与其年龄、智力相适应的民事法律行为。《民法总则》规定的限制民事行为能力人的年龄从10周岁降到8周岁，故9岁小学生丙系限制民事行为能力人。故选项C当选。《民法总则》第十八条第二款规定，16周岁以上的未成年人，以自己的劳动收入为主要生活来源的，视为完全民事行为能力人。丁虽然掌握一定技术，但其并不能以自己收入为主要生活来源，故还是限制民事行为能力人。故选项D当选。

综上，本题答案为：C、D。

32. 根据《民法总则》关于显失公平民事法律行为的相应规定，一方利用对方处于以下哪种情形时，致使民事法律行为成立时显失公平，受损害方有权请求予以撤销？
   A. 无民事行为能力
   B. 处于危困状态
   C. 缺乏判断能力
   D. 虚假意思表示

【答案】BC

【知识点】民事法律行为的效力

【解析】《民法总则》第一百四十四条规定，无民事行为能力人实施的民事法律行为无效。故选项A属于无效民事法律行为，并非显失公平的可撤销民事法律行为，不当选。《民法总则》第一百五十一条规定，一方利用对方处于危困状态、缺乏判断能力等情形，致使民事法律行为成立时显失公平的，受损害方有权请求人民法院或者仲裁机构予以撤销。故选项B、C正确，属于显失公平的可撤销民事法律行为，应当选。《民法总则》第一百四十六条第一款规定,行为人与相对人以虚假的意思表示实施的民事法律行为无效。故虚假意思表示的情形属于无效民事法律行为,选项 D 也不应当选。

综上,本题答案为:B、C。

33. 根据《民法总则》关于诉讼时效的相关法律规定,下列哪些关于诉讼时效届满法律后果的表述是正确的?

  A. 诉讼时效期间届满的,法院应该主动适用诉讼时效抗辩
  B. 诉讼时效期间届满后,义务人同意履行的,不得以诉讼时效期间届满为由抗辩
  C. 诉讼时效期间届满后,义务人已经自愿履行的,不得请求返还
  D. 诉讼时效期间届满后,义务人已自愿履行,可以以不当得利为由要求权利人返还

【答案】B C

【知识点】诉讼时效期间届满的法律后果

【解析】《民法总则》第一百九十二条规定,诉讼时效期间届满的,义务人可以提出不履行义务的抗辩。诉讼时效期间届满后,义务人同意履行的,不得以诉讼时效期间届满为由抗辩;义务人已自愿履行的,不得请求返还。在该题中,根据上述法律规定,诉讼时效抗辩权,义务人可以行使也可以不行使,但是人民法院不能主动适用,故选项 A 错误。诉讼时效届满后,债务人作出同意履行的意思表示的,视为其放弃诉讼时效抗辩权,故选项 B 正确。当诉讼时效届满后,义务人已经自愿履行的,权利人不构成不当得利,故选项 C 正确,选项 D 错误。

综上,本题答案为:B、C。

34. 根据《民法总则》的相关法律规定,导致监护关系终止有以下哪些原因?

  A. 被监护人或者监护人死亡
  B. 监护人丧失监护能力
  C. 经民政部门认定监护关系终止
  D. 监护人与未成年的被监护人协商一致解除监护关系

【答案】A B

【知识点】监护关系终止的原因

【解析】《民法总则》第三十九条第一款的规定,有下列情形之一的,监护关系终止:(一)被监护人取得或者恢复完全民事行为能力;(二)监护人丧失监护能力;(三)被监护人或者监护人死亡;(四)人民法院认定监护关系终止的其他情形。处理自然人身份关系的特别程序属于法院的职权范围,并非民政部门的职权范围。

综上,本题答案为:A、B。

35. 根据《民法总则》关于无权代理民事法律行为的相关规定,下列哪些关于无权代理法律后果的表述是错误的?

A. 相对人可以催告被代理人自收到通知之日起两个月内予以追认

B. 行为人实施的行为未被追认的,善意相对人只能就其受到的损害请求行为人赔偿

C. 相对人知道或者应当知道行为人无权代理的,相对人和行为人按照各自的过错承担责任

D. 被代理人未作出表示的,视为同意追认

【答案】A B D

【知识点】无权代理及其法律后果

【解析】《民法总则》第一百七十一条第二款规定,相对人可以催告被代理人自收到通知之日起1个月内予以追认。被代理人未作表示的,视为拒绝追认。行为人实施的行为被追认前,善意相对人有撤销的权利。撤销应当以通知的方式作出。在该题中,根据该条款,应为1个月内追认,选项A错误;应当视为拒绝追认,选项D错误。根据《民法总则》第一百七十一条第三款的规定,行为人实施的行为未被追认的,善意相对人有权请求行为人履行债务或者就其受到的损害请求行为人赔偿,但是赔偿的范围不得超过被代理人追认时相对人所能获得的利益。选项B涉及《民法总则》新增的善意相对人在行为未被追认时的选择权,除了题干所指的善意相对人有向行为人请求赔偿的权利外,其还有向行为人请求履行债务的权利。故选项B错误。《民法总则》第一百七十一条第四款规定,相对人知道或者应当知道行为人无权代理的,相对人和行为人按照各自的过错承担责任。根据该条款,选项C正确。

综上,本题答案为:A、B、D。

36. 根据《民法总则》的相关法律规定,在侵害知识产权纠纷案件中,当事人民事责任的承担方式主要有?

A. 继续履行

B. 赔偿损失

C. 消除影响

D. 停止侵害

【答案】B C D

【知识点】承担民事责任的方式

【解析】《民法总则》第一百七十九条第一款规定,承担民事责任的方式主要有:(一)停止侵害;(二)排除妨碍;(三)消除危险;(四)返还财产;(五)恢复原状;(六)修理、重作、更换;(七)继续履行;(八)赔偿损失;(九)支付违约金;(十)消除影响、恢复名誉;(十一)赔礼道歉。在该题中,在知识产权侵权类案件中,停止侵害、赔偿损失和消除影响作为当事人承担民事责任的主要方式,而继续履行这一方式主要适用在合同类案件中,所以选项A不当选,选项B、C、D当选。

综上,本题答案为:B、C、D。

37. 根据《民法总则》的相关法律规定,下列哪些属于法定减轻或免除民事责任的情形?

A. 不可抗力

B. 紧急避险

C. 正当防卫

D. 紧急救助

【答案】A B C D

【知识点】减轻或免除民事责任的情形

【解析】根据《民法总则》第一百八十条第一款规定，因不可抗力不能履行民事义务的，不承担民事责任。法律另有规定的，依照其规定。故不可抗力行为是民事责任的法定免责事由，选项A正确。《民法总则》第一百八十二条第一款和第二款规定，因紧急避险造成损害的，由引起险情发生的人承担民事责任。危险由自然原因引起的，紧急避险人不承担民事责任，可以给予适当补偿。故紧急避险可以成为民事责任的法定减免事由，选项B正确。《民法总则》第一百八十一条第一款规定，因正当防卫造成损害的，不承担民事责任。故正当防卫也是免除民事责任的法定事由，选项C正确。《民法总则》第一百八十四条规定，因自愿实施紧急救助行为造成受助人损害的，救助人不承担民事责任。故紧急救助行为是《民法总则》新增加的免责事由，选项D正确。

综上，本题答案为：A、B、C、D。

38. 根据《民法总则》对知识产权的相关规定，以下属于知识产权客体的是？

A. 发明

B. 网络虚拟财产

C. 商业秘密

D. 个人信息

【答案】A C

【知识点】民事权利

【解析】根据《民法总则》第一百二十三条第二款的规定，选项A、C均是知识产权的客体，当选。对网络虚拟财产和个人信息的保护，分别规定于《民法总则》的第一百二十七条和第一百一十一条，明显不属于知识产权的保护客体，因此选项B、D不当选。

综上，本题答案为：A、C。

39. 根据《合同法》的相关规定，下列哪些合同属于《合同法》中列明的有名合同？

A. 合作经营合同

B. 融资租赁合同

C. 劳务派遣合同

D. 技术合同

【答案】B D

【知识点】有名合同

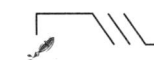

【解析】《合同法》分则规定了15种有名合同，分别是买卖合同；供用电、水、气、热力合同；赠与合同；借款合同；租赁合同；融资租赁合同；承揽合同；建设工程合同；运输合同；技术合同；保管合同；仓储合同；委托合同；行纪合同及居间合同。因此，选项B"融资租赁合同"以及选项D"技术合同"是《合同法》中列明的有名合同，当选。

综上，本题答案为：B、D。

40. 根据《合同法》的规定，下列哪些情形下要约失效？
    A. 甲对乙讲："我有八成新电脑一台，5000元卖给你，买吗？"乙表示不买
    B. 甲发传真给乙，表明"现有大米1万吨，批发价格每斤1元，款到发货，请于收到传真后一周内答复"。乙收到该传真后一直未予答复
    C. 甲为将某物卖给乙而发送电子邮件询问，请乙在一周内回复，发信后即感报价过低而后悔，当天致电乙表明撤销该要约
    D. 甲对乙表示愿将数码相机30000元转让给乙，乙表示愿意以15000元的价格购买

【答案】ＡＢＤ

【知识点】要约的失效与撤销

【解析】根据《合同法》第二十条的规定，选项A中乙拒绝要约的通知到达要约人甲，要约失效；选项B中承诺期限届满，受要约人未作出承诺，要约失效；选项D中，受要约人乙对要约的内容作出实质性变更，要约失效。根据《合同法》第十九条第（一）项的规定，选项C中要约人甲确定了承诺期限，要约不得撤销，因此即使甲当天致电表明撤销该要约，该要约在承诺期限届满前仍处于有效状态。

综上，本题答案为：A、B、D。

41. 根据《合同法》及相关规定，合同中出现的下列免责条款，哪些条款会被认定为无效？
    A. 造成对方人身伤害的
    B. 因意外事件造成对方财产损失的
    C. 因故意造成对方财产损失的
    D. 因重大过失造成对方财产损失的

【答案】ＡＣＤ

【知识点】免责条款

【解析】根据《合同法》第五十三条的规定，造成对方人身伤害的以及因故意或者重大过失造成对方财产损失的免责条款无效。因此，选项A、C、D正确，选项B错误。

综上，本题答案为：A、C、D。

42. 甲、乙订立房屋买卖合同，约定在1个月后甲将其自己的房屋过户登记给乙。但在交房日期到来之前，甲将该房高价出卖给了丙，并且办理了过户登记，下列哪些说法是正确的？
    A. 甲的行为构成预期违约

B. 乙只能在合同规定的交房日期到来后要求甲承担违约责任

C. 乙有权解除与甲的房屋买卖合同

D. 甲与丙签订的房屋买卖合同无效

【答案】A C

【知识点】违约行为

【解析】在该题中，甲的"一房二卖"的行为属于《合同法》第九十四条第（二）项"在履行期限届满之前，当事人一方明确表示或者以自己的行为表明不履行主要债务"的预期违约行为，乙有权解除与甲的房屋买卖合同，并立即要求甲承担违约责任。因此，选项A、C正确，选项B错误。甲与丙签订的房屋买卖合同有效，选项D错误。

综上，本题答案为：A、C。

43. 甲、乙订立合作开发协议，约定共同完成一项发明，但就该项发明的专利申请权未作约定，下列说法正确的是？

A. 如果甲不同意申请专利，乙可以自行申请

B. 如果甲放弃其专利申请权，乙可以单独申请，但取得专利后，甲有免费使用的权利

C. 如果甲准备转让其专利申请权，应订立书面合同

D. 如果甲准备转让其专利申请权，乙在同等条件下有优先受让的权利

【答案】B C D

【知识点】技术开发合同当事人的权利分配

【解析】根据《合同法》第三百四十条的规定，合作开发完成的发明创造，除当事人另有约定的以外，申请专利的权利属于合作开发的当事人共有。当事人一方转让其共有的专利申请权的，其他各方享有以同等条件优先受让的权利。合作开发的当事人一方声明放弃其共有的专利申请权的，可以由另一方单独申请或者由其他各方共同申请。申请人取得专利权的，放弃专利申请权的一方可以免费实施该专利。合作开发的当事人一方不同意申请专利的，另一方或者其他各方不得申请专利。同时，《专利法》第十条第三款规定，转让专利申请权或者专利权的，当事人应当订立书面合同，并向国务院专利行政部门登记，由国务院专利行政部门予以公告。因此，选项B、C、D正确，选项A错误。

综上，本题答案为：B、C、D。

44. 甲因开饭馆向乙借款10万元，2012年8月借款期限届满。因经营不善，甲的饭馆濒临倒闭。为逃避对乙的债务，2012年9月5日，甲将店内的冰柜等物赠与丙，将市值10万元的店面以5万元的价格卖给其亲戚丁，并以两倍于市价的高价收购戊的厨房设备。丙、丁不知道该情形，戊知情。现甲无力清偿欠乙的借款。对此，下列哪些说法是正确的？

A. 即使丙不知情，乙也能对甲的赠与行为行使撤销权

B. 因为丁不知情，故乙不能对甲将其中一间店面卖给丁的行为行使撤销权

C. 若乙于2012年11月8日知道甲高价收购戊的厨房设备，则可以在2013年11月9日

前向法院申请行使撤销权

D. 若乙于2017年3月5日知道甲高价收购戊的厨房设备，则乙可以自知道之日起1年内行使撤销权

【答案】ＡＢＣ

【知识点】债权人的撤销权

【解析】甲对丙的赠与，属于《合同法》第七十四条第一款第一句话规定的情形，其撤销权不以受赠与人知情为前提。故选项A正确。根据同款第二句话的规定，债务人甲以明显不合理的低价转让财产，债权人行使撤销权以受让人知道该情形为要件，故乙不能行使撤销权，选项B正确。债务人以明显不合理的高价收购他人财产的行为，参照适用《合同法》第七十四条第一款第二句话的规定。《合同法》第七十五条规定了行使撤销权的期间，因此选项C正确。根据该条规定，选项D中债务人的行为发生于2012年9月5日，债权人最迟应在5年内，即不晚于2017年9月6日行使撤销权，而非自2017年3月5日起一年内。

综上，本题答案为：A、B、C。

45. 根据《合同法》及相关规定，下列哪些情况下，一方当事人无权解除合同？

A. 甲、乙签订钢材购销合同，约定甲在11月1日前向乙交付钢材500吨，货到付款。当过了11月1日，甲仍未向乙履行交付义务

B. 甲、乙签订钢材购销合同，约定甲在11月1日前向乙交付钢材500吨，货到付款。11月1日，甲向乙交付钢材450吨，剩余50吨经催告后，仍未予交付

C. 甲从商店购买电视机一台，回家后发现图像正常，但没有声音

D. 甲从商店购买电视机一台，回家发现品质良好，只是画面边角处有一个"坏点"

【答案】ＡＢＤ

【知识点】合同终止的法定事由

【解析】根据《合同法》第九十四条的规定，有下列情形之一的，当事人可以解除合同：（一）因不可抗力致使不能实现合同目的；（二）在履行期限届满之前，当事人一方明确表示或者以自己的行为表明不履行主要债务；（三）当事人一方迟延履行主要债务，经催告后在合理期限内仍未履行；（四）当事人一方迟延履行债务或者有其他违约行为致使不能实现合同目的；（五）法律规定的其他情形。选项A中，甲未能按照合同约定于11月1日前交付钢材，构成违约，但是一方不履行合同主要义务，对方并不能由此获得解除权，必须还要尽到催告义务，并经合理期限对方仍不履行的，方有权解除合同。因此，乙无权解除合同，故选项A正确。选项B中，因为甲已经交付了大部分的钢材，履行了合同的主要义务，因此，乙无权解除合同，故选项B正确。选项C中，因为电视机没有声音，会严重影响电视的正常使用，使甲购买电视机的目的不能实现，属于根本违约，所以甲具有法定解除权，故选项C正确。选项D中，电视机品质良好，只是有边角处有一"坏点"，属于瑕疵履行，没有影响到合同目的的实现，没有构成根本违约，甲无权解除合同，故选项D错误。

综上，本题答案为：A、B、D。

46. 甲欠乙10万元,后乙通知甲将该债权转让给丙。甲接到该通知时,乙欠甲5万元,并且甲的债权先于转让的债权到期。根据《合同法》的规定,下列说法哪些是正确的?
    A. 本案中乙的债权转让对甲发生效力
    B. 本案中乙的债权转让不对甲发生效力
    C. 甲可以向乙主张抵销
    D. 甲可以向丙主张抵销

【答案】AD

【知识点】合同的变更和转让

【解析】根据《合同法》第八十条与第八十三条的规定,结合该案情况,乙通知甲后,该债权对甲产生效力,又因甲对乙有债权且甲的债权先于转让的债权到期,因此,选项A、D正确,选项B、C错误。

综上,本题答案为:A、D。

47. 甲酒厂欲从乙粮库购买一千吨高粱,业务员因为疏忽在买卖合同中未写明高粱质量。关于该合同,下列哪些说法是正确的?
    A. 质量是合同法规定的合同条款,欠缺该条款的合同不成立
    B. 该合同明确了买卖标的物但未明确质量,因此成立但未生效
    C. 该合同已经生效,但甲乙仍可就质量条款进行进一步协商以确定具体标准
    D. 如果当事人对质量标准达不成一致,可以参考国家标准、行业标准或者通常标准以及按照合同目的确定履行标准

【答案】CD

【知识点】合同的成立、效力、履行

【解析】根据《合同法》第十二条第一款的规定,合同内容一般包含质量条款,但并不意味着欠缺质量条款合同不成立。故选项A错误。根据《合同法》第四十四条的规定,依法成立的合同,自成立时生效。故选项B错误。根据《合同法》第六十一条及第六十二条第(一)项的规定,甲、乙仍可就质量条款进行进一步协商以确定具体标准,如果未达成一致,可参考国家标准、行业标准或者通常标准以及按照合同目的确定履行标准,选项C、D正确。

综上,本题答案为:C、D。

48. 根据《合同法》及相关规定,下列哪些选项属于无效的格式条款?
    A. 提供格式条款的一方所提供的格式条款含有加重对方责任的内容
    B. 提供格式条款的一方采取合理方式提请对方注意免除或者限制其责任的内容
    C. 违反法律、行政法规强制性规定的
    D. 内容不够具体确定的

【答案】A C

【知识点】合同的成立、效力、履行

【解析】根据《合同法》第四十条和第五十二条第（五）项的规定，提供格式条款的一方所提供的格式条款含有加重对方责任的内容，或者违反法律、行政法规强制性规定的条款无效。因此，选项A、C正确，选项B、D错误。

综上，本题答案为：A、C。

49. 甲公司委托乙专利代理机构代为处理本公司专利事务。对此，下项说法哪些是正确的？

　　A. 即使合同没有提及乙处理相关事务的费用负担，甲公司仍有义务支付乙事务所为处理委托事务而垫付的费用

　　B. 经甲公司同意，乙可以转委托，同时对第三人的行为承担责任

　　C. 乙可以随时解除与甲公司的合同

　　D. 因不可归责于乙的事由，委托事务不能完成的，甲公司应当向乙支付相应的报酬

【答案】A C D

【知识点】委托代理

【解析】委托合同是专利代理人以及专利代理机构在从业、开业过程中最经常涉及的民事合同。根据《合同法》第三百九十八条的规定，受托人为处理委托事务垫付的必要费用，委托人应当偿还该费用及其利息。因此甲公司的支付义务为法定义务，即使合同中没有约定，也应当履行。故选项A正确。根据《合同法》第四百条的规定，乙的转委托经过了甲的同意，乙仅就第三人的选任和指示承担责任。故选项B错误。根据《合同法》第四百一十条的规定，委托合同双方均有法定解除权，可以随时解除委托合同。故选项C正确。根据《合同法》第四百零五条的规定，选项D正确。

综上，本题答案为：A、C、D。

50. 根据《民事诉讼法》及相关规定，下列哪些情况下，当事人可以申请审判人员回避？

　　A. 是本案诉讼代理人近亲属的

　　B. 担任过本案的翻译人员的

　　C. 向本案当事人及其受托人借用款物的

　　D. 其近亲属持有本案非上市公司当事人的股份或者股权的

【答案】A B C D

【知识点】回避制度

【解析】《民诉解释》第四十三条规定，审判人员有下列情形之一的，应当自行回避，当事人有权申请其回避：（一）是本案当事人或者当事人近亲属的；（二）本人或者其近亲属与本案有利害关系的；（三）担任过本案的证人。鉴定人、辩护人、诉讼代理人、翻译人员的；（四）是本案诉讼代理人近亲属的；（五）本人或者其近亲属持有本案非上市公司的股份或者股权的；（六）与本案当事人或者诉讼代理人有其他利害关系，可能影响公正审理的。因此，

选项A、B、D正确。《民诉解释》第四十四条规定，审判人员有下列情形之一的，当事人有权申请其回避：（一）接受本案当事人及其受托人宴请，或者参加由其支付费用的活动的；（二）索取、接受本案当事人及其受托人财物或者其他利益的；（三）违反规定会见本案当事人、诉讼代理人的；（四）为本案当事推荐、介绍诉讼代理人，或者为律师。其他人员介绍代理本案的；（五）向本案当事人及其受托人借用款物的；（六）有其他不正当行为，可能影响公正审理的。因此，选项C正确。

综上，本题答案为：A、B、C、D。

51. 原告甲认为被告乙公司在丙市生产的产品落入了自己的发明专利权保护范围，遂在乙公司设于丁市的销售部购买了被控侵权产品，以侵害发明专利权纠纷为由提起民事诉讼，下列哪些人民法院有管辖权？

　　A. 甲住所地人民法院
　　B. 乙公司住所地人民法院
　　C. 丙市人民法院
　　D. 丁市人民法院

【答案】BCD

【知识点】民事诉讼的管辖

【解析】《民事诉讼法》第二十八条规定，因侵权行为提起的诉讼，由侵权行为地或者被告住所地人民法院管辖。乙公司作为被告，其住所地人民法院有管辖权，因此，选项B正确。《民诉解释》第二十四条规定，《民事诉讼法》第二十八条规定的侵权行为地，包括侵权行为地实施地、侵权结果发生地。丙市、丁市为侵权行为实施地。因此，选项C、D正确。甲住所地为原告住所地，因此，选项A错误。

综上，本题答案为B、C、D。

52. 专利权人甲与乙公司签订了专利独占实施许可合同，又将专利转让给了丙公司，乙公司因与丙公司就实施许可发生纠纷向人民法院提起诉讼，甲作为第三人在该案中享有哪些权利？

　　A. 提起诉讼
　　B. 申请参加诉讼
　　C. 若被判决承担民事责任，则有权提起上诉
　　D. 在一审诉讼中提出管辖异议

【答案】BC

【知识点】第三人

【解析】《民事诉讼法》第五十六条第一款、第二款规定，对当事人双方的诉讼标的，第三人认为有独立请求权的，有权提起诉讼。对当事人双方的诉讼标的，第三人虽然没有独立请求权，但案件处理结果同他有法律上的利害关系的，可以申请参加诉讼，或者由人民法院通知他参加诉讼。人民法院判决承担民事责任的第三人，有当事人的诉讼权利义务。甲作为

该案中无独立请求权的第三人，无权提起诉讼，但可以申请参加诉讼，因此，选项A错误，选项B正确。《民事诉讼法》第四十九条规定，当事人有权委托代理人，提出回避申请，收集、提供证据，进行辩论，请求调解，提起上诉，申请执行。当事人可以查阅本案有关材料，并可以复制本案有关材料和法律文书。查阅、复制本案有关材料的范围和办法由最高人民法院规定。当事人必须依法行使诉讼权利，遵守诉讼秩序，履行发生法律效力的判决书、裁定书和调解书。甲作为该案当事人，若被判决承担民事责任，有权提起上诉，因此，选项C正确。《民诉解释》第八十二条规定，在一审诉讼中，无独立请求权的第三人无权提出管辖异议，无权放弃、变更诉讼请求或者申请撤诉，被判决承担民事责任的，有权提起上诉。甲作为无独立请求权的第三人，无权在一审诉讼中提出管辖异议，因此，选项D错误。

综上，本题答案为B、C。

53. 根据《民事诉讼法》及相关规定，下列哪些关于鉴定的说法正确的是？
   A. 当事人可以就查明事实的专门性问题向人民法院申请鉴定
   B. 当事人对鉴定意见有异议的，鉴定人可以出庭作证，是否采纳该鉴定意见由法院决定
   C. 人民法院准许当事人鉴定申请的，应当在名录中指定鉴定人
   D. 当事人可以申请人民法院通知有专门知识的人出庭，就鉴定人作出的鉴定意见或者专业问题提出意见

【答案】AD
【知识点】鉴定
【解析】《民事诉讼法》第七十六条第一款规定，当事人可以就查明事实的专门性问题向人民法院申请鉴定。当事人申请鉴定的，由双方当事人协商确定具备资格的鉴定人；协商不成的，由人民法院指定。因此，选项A正确，选项C错误。《民事诉讼法》第七十八条规定，当事人对鉴定意见有异议或者人民法院认为鉴定人有必要出庭的，鉴定人应当出庭作证。经人民法院通知，鉴定人拒不出庭作证的，鉴定意见不得作为认定事实的根据；支付鉴定费用的当事人可以要求返还鉴定费用。因此，选项B错误。《民事诉讼法》第七十九条规定，当事人可以申请人民法院通知有专门知识的人出庭，就鉴定人作出的鉴定意见或者专业问题提出意见。因此，选项D正确。

综上，本题答案为：A、D。

54. 关于民事诉讼证据交换，下列说法哪些是正确的？
   A. 对于证据较多的案件，人民法院应当组织交换证据
   B. 证据交换可以在审判人员或书记员的主持下进行
   C. 交换证据的时间可由人民法院指定
   D. 人民法院组织当事人交换证据的，交换证据之日举证期限届满

【答案】ACD
【知识点】证据交换

【解析】根据《最高人民法院关于民事诉讼证据的若干规定》(法释〔2001〕33号)第三十七条第二款的规定,选项A正确。根据同一规定的第三十九条第一款的规定,证据交换应当在审判人员的主持下进行,选项B错误。根据第三十八条的规定,交换证据的时间可以由当事人协商确定,也可以由人民法院指定,选项C正确。根据第三十八条第二款的规定,选项D正确。

综上,本题答案为:A、C、D。

55. 根据《民事诉讼法》及相关规定,下列关于财产保全相关事项说法错误的是?
　　A. 财产保全采取查封、扣押、冻结或者法律规定的其他方法
　　B. 法院可以指定被保全人负责保管被查封、扣押、冻结的财产
　　C. 被查封、扣押、冻结的财产,其上的质权、留置权因采取保全措施而消灭
　　D. 由人民法院指定被保全人保管的财产,被保全人不得继续使用

【答案】CD
【知识点】财产保全
【解析】选项A为《民事诉讼法》第一百零三条第一款规定的原文。根据《民诉解释》第一百五十五条的规定,故选项B正确;如果继续使用对于财产价值无重大影响,可以允许被保全人继续使用,故选项D错误。根据《民诉解释》第一百五十七条的规定,抵押权、质权、留置权人的优先受偿权不受财产保全措施的影响,选项C错误。

综上,本题答案为:C、D。

56. 根据《民事诉讼法》及相关规定,下列关于第一审普通程序的说法正确的是?
　　A. 涉及商业秘密的案件,应当不公开审理
　　B. 当事人经法庭许可,可以向证人、鉴定人、勘验人发问
　　C. 原告未经法庭许可中途退庭的,应当缺席判决
　　D. 宣判前,原告申请撤诉,人民法院裁定不准许撤诉的,原告经传票传唤,无正当理由拒不到庭的,可以缺席判决

【答案】BD
【知识点】开庭审理
【解析】《民事诉讼法》第一百三十四条规定,人民法院审理民事案件,除涉及国家秘密、个人隐私或者法律另有规定的以外,应当公开进行。离婚案件,涉及商业秘密的案件,当事人申请不公开审理的,可以不公开审理。因此,选项A错误。《民事诉讼法》第一百三十九条规定,当事人在法庭上可以提出新的证据。当事人经法庭许可,可以向证人、鉴定人、勘验人发问。当事人要求重新进行调查、鉴定或者勘验的,是否准许,由人民法院决定。因此,选项B正确。《民事诉讼法》第一百四十三条规定,原告经传票传唤,无正当理由拒不到庭的,或者未经法庭许可中途退庭的,可以按撤诉处理;被告反诉的,可以缺席判决。因此,选项C错误。《民事诉讼法》第一百四十五条规定,宣判前,原告申请撤诉的,

是否准许,由人民法院裁定。人民法院裁定不准许撤诉的,原告经传票传唤,无正当理由拒不到庭的,可以缺席判决。因此,选项D正确。

综上,本题答案为:B、D。

57. 根据《民事诉讼法》的规定,对下列哪些行为的行为人,人民法院可以根据情节轻重予以罚款、拘留?
    A. 伪造重要证据,妨碍人民法院审理案件
    B. 被告中途无正当理由退庭的
    C. 侮辱、殴打司法工作人员
    D. 拒不履行人民法院已经发生法律效力的判决和裁定

【答案】ACD
【知识点】对妨害民事诉讼的强制措施
【解析】选项A、C、D分别是《民事诉讼法》第一百一十一条第一款第(一)项、第(四)项、第(六)项规定的情形,选项B为《民事诉讼法》第一百四十四条规定的缺席审判的情况。

综上,本题答案为:A、C、D。

58. 根据《民事诉讼法》及相关规定,以下哪些情形下,人民法院应当裁定中止执行?
    A. 申请人表示可以延期执行的
    B. 据以执行的法律文书被撤销的
    C. 案外人对执行标的提出确有理由的异议的
    D. 作为一方当事人的法人终止,尚未确定权利义务承受人的

【答案】ACD
【知识点】执行中止和执行终结
【解析】《民事诉讼法》第二百五十六条规定,有下列情形之一的,人民法院应当裁定中止执行:(一)申请人表示可以延期执行的;(二)案外人对执行标的提出确有理由的异议的;(三)作为一方当事人的公民死亡,需要等待继承人继承权利或者承担义务的;(四)作为一方当事人的法人或者其他组织终止,尚未确定权利义务承受人的;(五)人民法院认为应当中止执行的其他情形。中止的情形消失后,恢复执行。因此,选项A、C、D正确。《民事诉讼法》第二百五十七条规定,有下列情形之一的,人民法院裁定终结执行:(一)申请人撤销申请的;(二)据以执行的法律文书被撤销的;(三)作为被执行人的公民死亡,无遗产可供执行,又无义务承担人的;(四)追索赡养费、扶养费、抚育费案件的权利人死亡的;(五)作为被执行人的公民因生活困难无力偿还借款,无收入来源,又丧失劳动能力的;(六)人民法院认为应当终结执行的其他情形。因此,选项B错误。

综上,本题答案为:A、C、D。

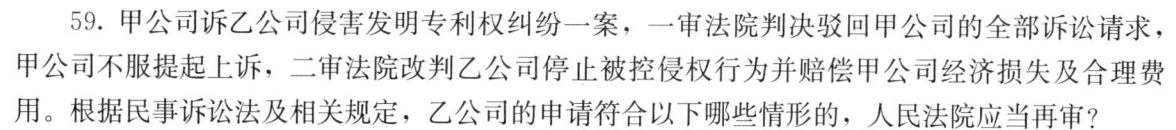

59. 甲公司诉乙公司侵害发明专利权纠纷一案，一审法院判决驳回甲公司的全部诉讼请求，甲公司不服提起上诉，二审法院改判乙公司停止被控侵权行为并赔偿甲公司经济损失及合理费用。根据民事诉讼法及相关规定，乙公司的申请符合以下哪些情形的，人民法院应当再审？

   A．有新的证据
   B．二审判决认定事实的主要证据未经质证的
   C．二审判决适用法律确有错误的
   D．二审判决遗漏或者超出诉讼请求的

【答案】ＢＣＤ

【知识点】基于当事人诉权的申请再审

【解析】《民事诉讼法》第二百条规定，当事人的申请符合下列情形之一的，人民法院应当再审：（一）有新的证据，足以推翻原判决、裁定的；（二）原判决、裁定认定的基本事实缺乏证据证明的；（三）原判决、裁定认定事实的主要证据是伪造的；（四）原判决、裁定认定事实的主要证据未经质证的；（五）对审理案件需要的主要证据，当事人因客观原因不能自行收集，书面申请人民法院调查收集，人民法院未调查收集的；（六）原判决、裁定适用法律确有错误的；（七）审判组织的组成不合法或者依法应当回避的审判人员没有回避的；（八）无诉讼行为能力人未经法定代理人代为诉讼或者应当参加诉讼的当事人，因不能归责于本人或者其诉讼代理人的事由，未参加诉讼的；（九）违反法律规定，剥夺当事人辩论权利的；（十）未经传票传唤，缺席判决的；（十一）原判决、裁定遗漏或者超出诉讼请求的；（十二）据以作出原判决、裁定的法律文书被撤销或者变更的；（十三）审判人员审理该案时有贪污受贿，徇私舞弊，枉法裁判行为的。因此，选项Ａ错误，选项Ｂ、Ｃ、Ｄ正确。

综上，本题答案为：Ｂ、Ｃ、Ｄ。

60. 根据《行政复议法》的规定，下列哪些不属于行政复议的范围？

   A．行政机关作出的行政处罚决定
   B．行政机关制定的规章
   C．行政机关对民事纠纷作出的调解
   D．行政机关作出的行政处分

【答案】ＢＣＤ

【知识点】行政复议的范围

【解析】选项Ａ属于《行政复议法》第六条规定可以申请行政复议的具体行政行为，但根据《行政复议法》第七条第二款的规定，选项Ｂ中的规章不在行政复议的附带审查范围内。选项Ｃ、Ｄ属于《行政复议法》第八条规定的不得申请复议的情形。

综上，本题答案为：Ｂ、Ｃ、Ｄ。

61.《反不正当竞争法》第二十九条规定，当事人对监督检查部门作出的决定不服的，可以依法申请行政复议或者提起行政诉讼。某县工商局认定某企业利用广告对商品作引人误解的虚

假宣传，构成不正当竞争，处10万元罚款。该企业不服，申请复议。下列哪些说法是正确的？

  A. 复议机关应当为该工商局的上一级工商局

  B. 申请复议期间为15日

  C. 如复议机关作出维持决定，该企业向法院起诉，起诉期限为15日

  D. 对罚款决定，该企业可以不经复议直接向法院起诉

【答案】CD

【知识点】行政复议的受理

【解析】对县工商局的处罚不服，可以向市工商局或者县政府申请复议。故选项A错误。根据《行政复议法》第九条第一款的规定，复议申请期限为60日；但是法律规定的申请期限超过60日的除外。可知，其他法律要对复议期限作例外规定的，必须超过60日才合法。故选项B错误。《行政诉讼法》第四十五条规定，公民、法人或者其他组织不服复议决定的，可以在收到复议决定书之日起15日内向人民法院提起诉讼。直接起诉和复议后再起诉的起诉期是不同的，复议后再起诉的起诉期为15日。故而选项C正确。复议前置一般仅限于纳税争议、行政确权侵犯他人已经取得的自然资源所有权或者使用权、限制或者禁止经营者集中的案件。该案不属于此三种情况，同时《反不正当竞争法》亦规定了当事人不服的，可以直接提起行政诉讼，无须复议前置，所以，选项D正确。

  综上，本题答案为：C、D。

62. 新锐公司兴建厂房需要一块土地。恰逢甲市政府出让一块土地，新锐公司和好客来公司同时提出申请，市政府拒绝了新锐公司的申请，向好客来公司颁发了国有土地使用权证。此后，丰年村认为政府向好客来公司发放的国有土地使用权证所认定的面积包括了该村的集体土地。下列说法正确的是？

  A. 新锐公司对政府拒绝其申请的行为，应当先申请行政复议才能提起诉讼

  B. 新锐公司对政府向好客来公司颁发国有土地使用权的行为，应当先申请复议才能提起诉讼

  C. 丰年村对政府向好客来公司颁发国有土地使用权的行为，应当先申请复议才能提起诉讼

  D. 集体土地使用权被侵犯的丰年村村民也可以以自己名义申请行政复议

【答案】CD

【知识点】复议前置

【解析】《行政复议法》第三十条规定，公民、法人或者其他组织认为行政机关的具体行政行为侵犯其已经依法取得的土地、矿藏、水流、森林、山岭、草原、荒地、滩涂、海域等自然资源的所有权或者使用权的，应当先申请行政复议；对行政复议决定不服的，可以依法向人民法院提起行政诉讼。根据国务院或者省、自治区、直辖市人民政府对行政区划的勘定、调整或者征收土地的决定，省、自治区、直辖市人民政府确认土地、矿藏、水流、森林、山岭、草原、荒地、滩涂、海域等自然资源的所有权或者使用权的行政复议决定为最终

裁决。可知，新锐公司对政府拒绝其申请的行为，可以直接提起诉讼。故选项A错误。新锐公司对政府向好客来公司颁发国有土地使用权的行为，由于其未主张自己已经取得，所以可以直接提起诉讼。故选项B错误。丰年村对政府向好客来公司颁发国有土地使用权的行为，由于其主张自己已经取得，应当先申请复议才能提起诉讼。故选项C正确。集体土地使用权人作为行政相对人可以自己名义申请行政复议。故选项D正确。

综上，本题答案为：C、D。

63. 定中公司在某县建立了一家生鸡养殖场，通过暗管的方式违法排污，县环保局对其罚款50万元。定中公司不服，向县政府申请行政复议。县政府事后审查发现，定中公司申请材料不齐全。本案的下列做法违反法律规定的有？

　　A. 县政府指定县政府法制办干部胡某单独审理此案
　　B. 县政府在60日内作出了复议决定
　　C. 县政府认为处罚过轻，将罚款变更为60万元
　　D. 县政府认为本案疑难复杂，主动以听证的方式审理了本案

【答案】AC
【知识点】行政复议程序
【解析】《行政复议法实施条例》第三十二条规定，行政复议机构审理行政复议案件，应当由2名以上行政复议人员参加。可知，县政府指定县政府法制办干部胡某单独审理此案的做法是错误的，故选项A违反法律规定。《行政复议法》第三十一条规定，行政复议机关应当自受理申请之日起60日内作出行政复议决定；但是法律规定的行政复议期限少于60日的除外。情况复杂，不能在规定期限内作出行政复议决定的，经行政复议机关的负责人批准，可以适当延长，并告知申请人和被申请人；但是延长期限最多不超过30日。行政复议机关作出行政复议决定，应当制作行政复议决定书，并加盖印章。行政复议决定书一经送达，即发生法律效力。故选项B中的做法符合法律规定。《行政复议法实施条例》第五十一条规定，行政复议机关在申请人的行政复议请求范围内，不得作出对申请人更为不利的行政复议决定。故选项C中的做法违反法律规定。《行政复议法实施条例》第三十三条规定，行政复议机构认为必要时，可以实地调查核实证据；对重大、复杂的案件，申请人提出要求或者行政复议机构认为必要时，可以采取听证的方式审理。故选项D中的做法符合法律规定。

综上，本题答案为：A、C。

64. 行政复议被申请人在收到行政复议申请副本后，未在法定期限内提出书面答复，也未提交当初作出具体行政行为的证据、依据和其他有关材料。对此，下列说法哪些是正确的？

　　A. 行政复议机关应该自行收集相关证据和材料
　　B. 行政复议机关可责令被申请人在7日内提交该证据、依据和材料
　　C. 行政复议机关应当认定，该具体行政行为没有证据、依据

D. 行政复议机关应当依法决定撤销该具体行政行为

【答案】C D

【知识点】行政复议决定

【解析】根据《行政复议法》第二十四的规定，选项 A 错误。根据《行政复议法》第二十三条的规定，选项 B 错误。根据《行政复议法》第二十八条第一款第（四）项的规定，被申请人不按照该法第二十三条的规定提出书面答复、提交当初作出具体行政行为的证据、依据和其他有关材料的，视为该具体行政行为没有证据、依据，决定撤销该具体行政行为。选项 C、D 正确。

综上，本题答案为：C、D。

65. 根据《行政复议法》的规定，复议机关可以作出下列哪些行政复议决定？

A. 变更具体行政行为

B. 确认具体行政行为违法

C. 撤销具体行政行为

D. 维持具体行政行为

【答案】A B C D

【知识点】复议决定的类型

【解析】根据《行政复议法》第二十八条第一款的规定，选项 A、B、C、D 复议机关可以作出复议决定的类型。因此选项 A、B、C、D 均正确。

综上，本题答案为：A、B、C、D。

66. 下列当事人提起的诉讼，属于行政诉讼受案范围的？

A. 张某和王某是邻居，因生活琐事产生纠纷，打架斗殴，经公安局调解达成调解协议

B. 李某向环保局申请设立垃圾焚烧站，环保局以影响环境为由作出不予准许的决定。李某不服提起诉讼

C. 张某因卖淫被县公安局处以 10 日行政拘留，1 个月后张某向县政府申请行政复议，县政府不予受理。张某不服起诉

D. 某公司与县政府签订天然气特许经营协议，双方发生纠纷后该公司以县政府不依法履行协议向法院起诉

【答案】B C D

【知识点】行政诉讼受案范围

【解析】选项 A 是行政机关对民事纠纷的调解，由于没有拘束力，所以不属于受案范围。根据《行政诉讼法》第十二条第一款的规定，选项 B 属于行政许可，选项 C 属于行政拘留，选项 D 属于行政协议案件，均属于行政诉讼的受案范围。

综上，本题答案为：B、C、D。

67. 根据《行政诉讼法》及相关规定，中级人民法院对下列哪些案件具有管辖权？

　　A. 对某省人民政府作出的具体行政行为不服的案件

　　B. 对国家知识产权局驳回专利申请不服的案件

　　C. 本辖区内社会影响重大的集团诉讼案件

　　D. 辖区内甲县人民法院与乙县人民法院就管辖权产生争议的案件

【答案】A C D

【知识点】行政诉讼中的级别管辖

【解析】根据《行政诉讼法》第十五条的规定，中级人民法院管辖对国务院部门或者县级以上地方人民政府所作的行政行为提起诉讼的案件，本辖区内重大、复杂的案件。所以选项A、C正确。根据《专利法》第四十一条的规定，对于国家知识产权局驳回专利申请不服的，只能提出复审请求，不能提起行政诉讼，故选项B错误。根据《行政诉讼法》第二十三条第二款的规定，人民法院对管辖权发生争议，由争议双方协商解决。协商不成的，报它们的共同上级人民法院指定管辖。甲、乙两地法院就管辖权产生争议的，应当报共同上一级中级人民法院指定管辖。根据《行政诉讼法》第二十四条第一款的规定，上级人民法院有权审理下级人民法院管辖的第一审行政案件。故选项D正确。

　　综上，本题答案为：A、C、D。

68. 甲、乙、丙三友人一同在某餐厅就餐。由于餐品质量与餐厅经理郭某产生纠纷。纠纷过程中，将餐厅经理郭某打伤。区公安局将甲拘留10日，乙拘留5日。甲不服，提起行政诉讼。关于该案的第三人，下列说法正确的是？

　　A. 法院可以通知乙作为第三人参加诉讼

　　B. 法院可以通知丙作为第三人参加诉讼

　　C. 法院应当通知郭某作为第三人参加诉讼

　　D. 若甲不服向市公安局复议的，市公安局应当通知郭某作为第三人参加复议

【答案】A C

【知识点】行政诉讼参加人

【解析】《行政诉讼法》第二十九条规定，公民、法人或者其他组织同被诉行政行为有利害关系但没有提起诉讼，或者同案件处理结果有利害关系的，可以作为第三人申请参加诉讼，或者由人民法院通知参加诉讼。人民法院判决第三人承担义务或者减损第三人权益的，第三人有权依法提起上诉。《行诉解释》第三十条规定，行政机关的同一行政行为涉及两个以上利害关系人，其中一部分利害关系人对行政行为不服提起诉讼，人民法院应当通知没有起诉的其他利害关系人作为第三人参加诉讼。与行政案件处理结果有利害关系的第三人，可以申请参加诉讼，或者由人民法院通知其参加诉讼。人民法院判决其承担义务或者减损其权益的第三人，有权提出上诉或者申请再审。可知，乙在该案中被拘留5日，他与甲的诉讼裁判结果有利害关系，作为原告型的第三人参加到甲诉讼中，由于是受同一类行政行为（均为行政处罚）的影响，因此法院是可以通知。故选项A正确。丙在该案中没有受到行政处罚，

与甲的诉讼裁判结果没有利害关系，因此不能作为该案的第三人参加诉讼。故选项 B 错误。

郭某在该案中是受害人，他与甲的诉讼裁判结果有利害关系，作为原告型的第三人参加甲诉讼中。由于是受同一个行政行为（在甲这个诉讼中，对于郭某而言就一个行政行为——甲被拘留10日）的影响，因此法院是应当通知。故选项C正确。《行政复议法实施条例》第九条规定，行政复议期间，行政复议机构认为申请人以外的公民、法人或者其他组织与被审查的具体行政行为有利害关系的，可以通知其作为第三人参加行政复议。行政复议期间，申请人以外的公民、法人或者其他组织与被审查的具体行政行为有利害关系的，可以向行政复议机构申请作为第三人参加行政复议。第三人不参加行政复议，不影响行政复议案件的审理。可知，行政复议中的第三人都是可以通知，不是应当通知。故选项D错误。

综上，本题答案为：A、C。

69. 甲、乙、丙三友人一同在某餐厅就餐。由于餐品质量与餐厅经理郭某产生纠纷。纠纷过程中，将餐厅经理郭某打伤。区公安局将甲拘留10日，乙拘留5日。甲不服，提起行政诉讼。区公安局出庭应诉，下列说法正确的是？

  A. 区公安局负责人出庭的，应当由区公安局局长出庭应诉
  B. 区公安局局长出庭应诉的，可以另行委托1～2名诉讼代理人
  C. 区公安局负责人和工作人员不出庭，委托2名律师出庭
  D. 主管相关业务的副局长可以视为行政机关负责人

【答案】B D
【知识点】行政诉讼参加人
【解析】《行政诉讼法》第三条第三款规定，被诉行政机关负责人应当出庭应诉。不能出庭的，应当委托行政机关相应的工作人员出庭。《行诉解释》第一百二十八条规定，《行政诉讼法》第三条第三款规定的行政机关负责人，包括行政机关的正职、副职负责人以及其他参与分管的负责人。行政机关负责人出庭应诉的，可以另行委托1～2名诉讼代理人。故选项A、C错误，选项B、D正确。

综上，本题答案为：B、D。

70. 根据《行政诉讼法》及相关规定，下列哪些说法是正确的？
  A. 原告应当在开庭审理前或者人民法院指定的交换证据之日提供证据
  B. 第三人应当在开庭审理前或者人民法院指定的交换证据之日提供证据
  C. 原告因正当事由申请延期提供证据的，经人民法院准许，可以在法庭调查中提供
  D. 第三人在第一审程序中无正当事由未提供而在第二审程序中提供的证据，人民法院不予接纳

【答案】A B C D
【知识点】行政诉讼的举证期限
【解析】选项A、B、C、D均为《行诉解释》第三十五条规定的原文，因此选项A、B、

C、D均正确。

综上,本题答案为:A、B、C、D。

71. 根据《行政诉讼法》的规定,下列说法哪些是正确的?
   A. 人民法院审理行政案件,参照行政法规
   B. 人民法院审理行政案件,参照地方性法规
   C. 人民法院审理行政案件,参照国务院部委根据法律或者行政法规制定、发布的规章
   D. 人民法院审理行政案件,参照直辖市人民政府根据法律或者行政法规制定、发布的规章

【答案】CD

【知识点】行政诉讼的审理依据

【解析】该题考虑行政诉讼中的法律渊源,根据《行政诉讼法》第六十三条第一款与第三款的规定,法律、行政法规和相应区域的地方性法规,都是应当作为审理依据;而对于规章,则规定作为"参照"依据。因此选项C、D正确,选项A、B错误。

综上,本题答案为:C、D。

72. 对下列哪些行政裁判,当事人可以提起上诉?
   A. 裁定不停止执行行政行为
   B. 裁定不予立案
   C. 裁定中止诉讼
   D. 判决驳回原告的诉讼请求

【答案】BD

【知识点】可上诉的行政裁判

【解析】根据《行政诉讼法》第五十六条第二款的规定,当事人对不停止执行的裁定不服的,只能申请复议。故选项A只能申请复议。《行诉解释》第一百零一条第一款规定了可以作出裁定的15种类型,第二款中明确规定对于不予立案、驳回起诉、管辖异议这三种裁定,当事人可以上诉。故选项B、D可以提起上诉。而裁定中止诉讼属于不能提起上诉的裁定类型,因此,选项C不能提起上诉。

综上,本题答案为:B、D。

73. 人民法院审理行政上诉案件,在下列哪些情形下可以裁定撤销原判,发回重审?
   A. 原判决认定事实清楚,但适用法律错误
   B. 原判决遗漏了诉讼请求
   C. 原判决认定基本事实不清,证据不足
   D. 原判决违反法定程序可能影响案件正确判决

【答案】BCD

【知识点】行政诉讼的判决类型

【解析】根据《行政诉讼法》第八十九条的规定，选项B、C、D的情形下均可以发回重审。对于选项A，应当依法改判、撤销或变更。

综上，本题答案为：B、C、D。

74. 中华全国专利代理人协会为提高专利代理人的执业水平，促进我国专利代理行业的健康发展，将2001—2017年国内学者已发表的有关创造性的论文之中的佳作，按照论文发表的时间、创造性判断的顺序等汇编而成了《创造性判断论文选》。下列哪些说法是不正确的？

A. 被选编入论文选的论文已经发表，故代理人协会不需征得论文著作权人的同意

B. 该论文选属于具有公益性，故代理人协会不需向论文著作权人支付报酬

C. 他人复制该论文选只需征得代理人协会同意并支付报酬

D. 如代理人协会未经论文著作权人同意而将有关论文收录，代理人协会对该论文集仍享有著作权

【答案】A B C

【知识点】汇编作品的著作权

【解析】该论文选属于汇编作品，其著作权由汇编人，即专利代理人协会享有，但根据《著作权法》第十二条的规定，在行使著作权时，不得侵犯原作品的著作权。因此，选项A、B错误，选项D正确。他人复制该论文选时同时复制了论文，还应当取得论文作者的同意，因此选项C错误。

综上，本题答案为：A、B、C。

75. 张某是一名优秀的传记作家，笔下传记人物深受读者喜爱。某出版社准备出版一本关于古代人物曾国藩的传记，自然人王某拟出版一本关于自己成长历程的传记，二者分别向张某约稿，但均未明确约定著作权归属。对此，下列说法正确的是？

A. 曾国藩传记著作权归出版社所有

B. 曾国藩传记著作权归张某所有

C. 王某传记著作权归张某所有

D. 王某传记著作权归王某所有

【答案】B D

【知识点】委托作品及传记作品的权属

【解析】根据《著作权法》第十七条的规定，受委托创作的作品，著作权的归属由委托人和受托人通过合同约定。合同未作明确约定或者没有订立合同的，著作权属于受托人。根据《最高人民法院关于审理著作权民事纠纷案件适用法律若干问题的解释》（法释〔2002〕31号）第十四条规定，当事人合意以特定人物经历为题材完成的自传体作品，当事人对著作权权属有约定的，依其约定；没有约定的，著作权归该特定人物享有，执笔人或整理人对作品完成付出劳动的，著作权人可以向其支付适当的报酬。因此，曾国藩传记著作权归受托

人张某所有，王某自传著作权归王某本人所有，故选项B、D正确，选项A、C错误。

综上，本题答案为：B、D。

76. 甲创作了一首歌曲《告白气球》，乙获得许可后在个人演唱会上进行演唱，丙唱片公司制成录音制品并公开发行。针对该录音制品，下列哪些属于侵权行为？

　　A. 某公司翻录后进行销售，同时向甲、乙、丙寄送报酬
　　B. 某航空公司购买正版后在飞机上播放供乘客欣赏，仅经过甲的许可
　　C. 某电影公司将其作为电影插曲使用，同时经过乙和丙的许可
　　D. 某学生购买正版试听后将其上传到网上传播

【答案】A C D

【知识点】与著作权有关的权利

【解析】甲、乙、丙三人的权利人身份分别是，甲为著作权人，乙为表演者，丙为录音录像制作者。著作权人、表演者及录音录像制作者均享有复制权和发行权，选项A，翻录后进行销售，实际上是复制并发行的行为，需要经过许可并付费，某公司没有经过许可只寄送报酬，属于侵权行为，当选。同理，选项C也属于复制行为，电影公司应同时经过甲、乙、丙三人许可，仅经过乙、丙许可，侵犯了甲的复制权，当选。某航空公司购买正版录音制品在飞机上播放供乘客欣赏属于表演权的控制范围，根据《著作权法》第十条第一款第（九）项的规定，表演权，即公开表演作品，以及用各种手段公开播送作品的表演的权利。根据《著作权法》第三十七条的规定，使用他人作品演出，表演者（演员、演出单位）应当取得著作权人许可，并支付报酬。演出组织者组织演出，由该组织者取得著作权人许可，并支付报酬。使用改编、翻译、注释、整理已有作品而产生的作品进行演出，应当取得改编、翻译、注释、整理作品的著作权人和原作品的著作权人许可，并支付报酬。某航空公司经过了著作权人甲的许可，并未侵犯作品的机械表演权，因此选项B不当选。选项D属于侵权信息网络传播权的行为。根据《著作权法》第四十二条第二款规定，被许可人复制、发行、通过信息网络向公众传播录音录像制品，还应当取得著作权人、表演者许可，并支付报酬。某学生侵犯了歌曲创作者、录音制作者以及表演者的信息网络传播权，因此选项D当选。

综上，本题答案为：A、C、D。

77. 我国《著作权法》规定的享有邻接权的主体包括？

　　A. 出版者
　　B. 表演者
　　C. 录音录像制作者
　　D. 广播电台、电视台

【答案】A B C D

【知识点】与著作权有关的主体

【解析】根据《著作权法》第四章"出版、表演、录音、录像、播放"的规定，选项A、

B、C、D 中的主体均享有邻接权，因此均正确。

综上，本题答案为：A、B、C、D。

78. 甲公司委托乙公司开发库存产品信息追踪软件，付费 50 万元，没有明确约定著作权的归属。后甲公司以高价向善意的丙公司出售了该软件的复制品。丙公司安装使用 5 年后，丙公司自行开发的同类软件已经在试运行中，此时乙公司起诉要求丙公司停止使用并销毁该软件。下列哪些表述是正确的？

  A. 该软件的著作权属于乙公司
  B. 乙公司的起诉已超过诉讼时效
  C. 丙公司可不承担赔偿责任
  D. 丙公司应停止使用并销毁该软件

【答案】A C D
【知识点】计算机软件作品
【解析】《计算机软件保护条例》第十一条规定，接受他人委托开发的软件，其著作权的归属由委托人与受托人签订书面合同约定；无书面合同或者合同未作明确约定的，其著作权由受托人享有。由此可知，该计算机软件作品的著作权人应当是委托作品的受托人乙公司，故选项 A 正确。《计算机软件保护条例》第三十条规定，软件的复制品持有人不知道也没有合理理由应当知道该软件是侵权复制品的，不承担赔偿责任；但是，应当停止使用、销毁该侵权复制品。如果停止使用并销毁该侵权复制品将给复制品使用人造成重大损失的，复制品使用人可以在向软件著作权人支付合理费用后继续使用。由此可知，对于善意的丙公司来说，在不知情的情况下，不承担赔偿责任。故选项 C、D 正确。《最高人民法院关于审理著作权民事纠纷案件适用法律若干问题的解释》第二十八条规定，侵犯著作权的诉讼时效为 2 年，自著作权人知道或者应当知道侵权行为之日起计算。权利人超过 2 年起诉的，如果侵权行为在起诉时仍在持续，在该著作权保护期内，人民法院应当判决被告停止侵权行为；侵权损害赔偿数额应当自权利人向人民法院起诉之日起向前推算 2 年计算。由此可知，乙公司的软件作品的著作权仍然在保护期之内，侵权行为在起诉时仍在持续，所以乙公司仍然有权起诉。故选项 B 错误。

综上，本题答案为：A、C、D。

79. 唱片公司认为千度公司作为链接服务提供者，其网站上提供的涉及唱片公司享有著作权的某歌曲的链接侵犯了自己的信息网络传播权。唱片公司向千度公司提交书面通知要求其删除侵权作品。对此，下列哪些选项是正确的？

  A. 唱片公司的通知书应当包含该作品构成侵权的初步证明材料
  B. 千度公司接到书面通知后，可在合理时间内删除涉嫌侵权作品，同时将通知书转送该作品的提供者
  C. 该影视作品提供者接到千度公司转送的书面通知后，认为提供的作品未侵犯唱片公司

的权利的,可以向千度公司提出书面说明,要求恢复被删除作品

D. 千度公司收到该影视作品提供者的书面说明后应即恢复被删除作品,同时将该影视作品提供者的说明转送唱片公司的,则唱片公司不得再通知千度公司删除该作品

【答案】ACD

【知识点】信息网络传播权

【解析】《信息网络传播权保护条例》第十四条规定,对提供信息存储空间或者提供搜索、链接服务的网络服务提供者,权利人认为其服务所涉及的作品、表演、录音录像制品,侵犯自己的信息网络传播权或者被删除、改变了自己的权利管理电子信息的,可以向该网络服务提供者提交书面通知,要求网络服务提供者删除该作品、表演、录音录像制品,或者断开与该作品、表演、录音录像制品的链接。通知书应当包含下列内容:(一)权利人的姓名(名称)、联系方式和地址;(二)要求删除或者断开链接的侵权作品、表演、录音录像制品的名称和网络地址;(三)构成侵权的初步证明材料。权利人应当对通知书的真实性负责。故唱片公司的通知书应当包含该作品构成侵权的初步证明材料,因此选项A正确。《信息网络传播权保护条例》第十五条规定,网络服务提供者接到权利人的通知书后,应当立即删除涉嫌侵权的作品、表演、录音录像制品,或者断开与涉嫌侵权的作品、表演、录音录像制品的链接,并同时将通知书转送提供作品、表演、录音录像制品的服务对象;服务对象网络地址不明、无法转送的,应当将通知书的内容同时在信息网络上公告。根据该规定,千度公司作为网络服务提供者,在接到权利人的通知书后,应当立即删除涉嫌侵权的作品、表演、录音录像制品,或者断开与涉嫌侵权的作品、表演、录音录像制品的链接,而不是在合理时间内删除,选项B错误。

《信息网络传播权保护条例》第十六条规定,服务对象接到网络服务提供者转送的通知书后,认为其提供的作品、表演、录音录像制品未侵犯他人权利的,可以向网络服务提供者提交书面说明,要求恢复被删除的作品、表演、录音录像制品,或者恢复与被断开的作品、表演、录音录像制品的链接。书面说明应当包含下列内容:(一)服务对象的姓名(名称)、联系方式和地址;(二)要求恢复的作品、表演、录音录像制品的名称和网络地址;(三)不构成侵权的初步证明材料。服务对象应当对书面说明的真实性负责。由此可知,该影视作品提供者接到通知后可以向网络服务提供者提交书面说明,要求恢复被删除的作品,因此选项C正确。《信息网络传播权保护条例》第十七条规定,网络服务提供者接到服务对象的书面说明后,应当立即恢复被删除的作品、表演、录音录像制品,或者可以恢复与被断开的作品、表演、录音录像制品的链接,同时将服务对象的书面说明转送权利人。权利人不得再通知网络服务提供者删除该作品、表演、录音录像制品,或者断开与该作品、表演、录音录像制品的链接。由此可知,选项D正确。

综上,本题答案为:A、C、D。

80. 甲制作、出售了大量冒用乙署名的作品,其承担责任的方式可能为?

A. 根据情况,甲需承担停止侵害、消除影响、赔礼道歉、赔偿损失等民事责任

B. 若甲的行为损害了公共利益，可以由著作权行政管理部门责令停止侵权行为，没收违法所得，没收、销毁侵权复制品，并可处以罚款

C. 若甲的情节严重，著作权行政管理部门可以没收主要用于制作侵权复制品的材料、工具、设备等

D. 若构成犯罪的，可依法追究甲的刑事责任

【答案】A B C D

【知识点】侵犯著作权的责任形式

【解析】《著作权》第四十八条第（八）项规定，制作、出售假冒他人署名的作品的应当根据情况，承担停止侵害、消除影响、赔礼道歉、赔偿损失等民事责任；同时损害公共利益的，可以由著作权行政管理部门责令停止侵权行为，没收违法所得，没收、销毁侵权复制品，并可处以罚款；情节严重的，著作权行政管理部门还可以没收主要用于制作侵权复制品的材料、工具、设备等；构成犯罪的，依法追究刑事责任。因此选项A、B、C、D都正确。

综上，本题答案为：A、B、C、D。

81. 根据《商标法》及相关规定，某企业在其生产的人用药品上使用"我不是药神"，但未进行注册，下列哪些说法是错误的？

A. 该商标可以使用，但未经注册，不得在市场销售

B. 该商标损害他人在先权利，不能获得注册

C. 该商标不具备显著性，不能注册

D. 该商标不需要经过注册即可使用，也可以在市场上销售

【答案】A C D

【知识点】商标注册以及显著性的规定

【解析】根据《商标法》第六条的规定，法律、行政法规规定必须使用注册商标的商品，必须申请商标注册，未经核准注册的，不得在市场销售。现行法律和行政法规并未规定人用药品必须申请商标注册，因此选项A错误。由于票房很高，《我不是药神》电影属于知名商品，其作品标题属于知名商品的特有名称，受到《反不正当竞争法》的保护。同时该作品标题享有著作权，受到《著作权法》的保护，因此选项B正确，选项D错误。该商标本身具备显著性，故选项C错误。

综上，本题答案为：A、C、D。

82. 根据《商标法》及相关规定，下列哪些标识不得作为商标使用？

A. "红新月"名称及标志

B. "叫只鸡"在酒店等服务上

C. 国家知识产权局的标志

D. "中国强制性产品认证（CCC）"标志

【答案】ＡＢＣＤ

【知识点】可作为商标使用的标识

【解析】根据《商标法》第十条第一款第（五）项的规定，选项Ａ不得作为商标使用。选项Ｂ有害社会主义道德风尚存在不良影响，属于《商标法》第十条第一款第（八）项的情形。选项Ｃ属于《商标法》第十条第一款第（一）项的情形。选项Ｄ属于《商标法》第十条第一款第（四）项的情形。

综上，本题答案为：Ａ、Ｂ、Ｃ、Ｄ。

83. 甲公司享有"友善熊"注册商标的专用权，核定在玩具上使用。甲公司许可乙公司在其生产玩具上使用该注册商标。对此，下列说法哪些是正确的？

　　Ａ．甲公司和乙公司签订的商标使用许可合同应当报商标局备案
　　Ｂ．乙公司应当保证使用该商标的玩具的质量
　　Ｃ．甲公司应当监督乙公司使用该商标所生产的玩具的质量
　　Ｄ．乙公司应当在使用该商标的玩具上，标明乙公司的名称和玩具产地

【答案】ＡＢＣＤ

【知识点】商标许可

【解析】选项Ａ、Ｂ、Ｃ、Ｄ是《商标法》第四十三条规定的原文，因此选项Ａ、Ｂ、Ｃ、Ｄ都正确。

综上，本题答案为：Ａ、Ｂ、Ｃ、Ｄ。

84. 根据《商标法》及相关规定，商标注册人在使用注册商标的过程中，具有下列哪些情形的，由地方工商行政管理部门责令限期改正，期满不改正的，由商标局撤销其注册商标？

　　Ａ．自行改变注册商标
　　Ｂ．自行改变注册人名义
　　Ｃ．注册商标成为其核定使用的商品的通用名称
　　Ｄ．没有正当理由连续三年不使用

【答案】ＡＢ

【知识点】注册商标的撤销

【解析】《商标法》第四十九条规定，商标注册人在使用注册商标的过程中，自行改变注册商标、注册人名义、地址或者其他注册事项的，由地方工商行政管理部门责令限期改正；期满不改正的，由商标局撤销其注册商标。注册商标成为其核定使用的商品的通用名称或者没有正当理由连续３年不使用的，任何单位或者个人可以向商标局申请撤销该注册商标。商标局应当自收到申请之日起９个月内作出决定。有特殊情况需要延长的，经国务院工商行政管理部门批准，可以延长３个月。因此，选项Ａ、Ｂ正确，选项Ｃ、Ｄ错误。

综上，本题答案为：Ａ、Ｂ。

85. 对于以欺骗手段取得注册的商标，下列哪些说法是正确的？
    A. 由商标局宣告该注册商标无效
    B. 由商标评审委员会依职权宣告该注册商标无效
    C. 其他单位或者个人可以请求商标评审委员会宣告该注册商标无效
    D. 宣告该注册商标无效的裁定，一经送达即告生效

【答案】A C

【知识点】注册商标无效宣告

【解析】根据《商标法》第四十四条第一款的规定，对于以欺骗手段取得注册的，既可以由商标局宣告该注册商标无效，也可以由其他单位或个人请求商标评审委员会宣告该注册商标无效。可见，商标评审委员会不能依职权启动注册商标的无效宣告，因此选项A、C正确，选项B错误。《商标法》第四十六条规定，商标评审委员会宣告注册商标无效的裁定，当事人在法定期限内不向人民法院起诉的，裁定生效。因此，选项D错误。

综上，本题答案为：A、C。

86. 根据《商标法》及相关规定，下列哪些情形属于商标的正当使用，不构成商标侵权？
    A. 使用注册商标中含有的"有机"文字，但书写方式和注册商标中不同
    B. 使用注册商标中含有的菱形图形
    C. 使用注册商标中含有的"100％"，但表现形式不同于注册商标
    D. 使用注册商标中含有的"纯爱"文字

【答案】A B C

【知识点】注册商标专用权的限制

【解析】《商标法》第五十九条规定，注册商标中含有的本商品的通用名称、图形、型号，或者直接表示商品质量、主要原料、功能、用途、重量、数量及其他特点，或者含有的地名，注册商标专用权人无权禁止他人正当使用。除选项D中的"纯爱"以外，选项A、B、C中的"有机""菱形图形""100％"均属于《商标法》第五十九条规定的可以正当使用的内容。因此选项A、B、C正确，选项D错误。

综上，本题答案为：A、B、C。

87. 地方工商行政管理部门可以对以下哪些行为处以罚款？
    A. 经营者在商品上加注"驰名商标"字样
    B. 将未注册商标冒充注册商标使用
    C. 侵犯注册商标专用权
    D. 在市场上销售国家规定必须使用注册商标的商品，但在该商品上使用的商标未经核准注册的

【答案】A B C D

【知识点】商标使用的管理

【解析】 根据《商标法》第五十三条的规定，在商品上加注"驰名商标"字样，地方工商行政管理部门可责令改正，处 10 万元罚款。故选项 A 正确。根据《商标法》第五十二条的规定，将未注册商标冒充注册商标使用的，地方工商行政管理部门予以制止，限期改正，并可以予以通报，处以相应数额的罚款。故选项 B 正确。根据《商标法》第六十条的规定，针对侵犯注册商标专用权的行为，地方工商行政管理部门可根据具体情况处以不同数额的罚款。故选项 C 正确。根据《商标法》第五十一条的规定，选项 D 正确。

综上，本题答案为：A、B、C、D。

88. 甲公司以乙公司侵犯其注册商标专用权为由请求工商行政管理部门处理。对此，工商行政管理部门的下列做法中哪些是合法的？

   A. 以商标侵权纠纷为民事纠纷、应当由人民法院处理为由拒绝受理甲公司的请求
   B. 认定侵权行为成立后，责令乙公司立即停止侵权，没收侵权商品以及主要用于制造侵权商品的工具，并处以罚款
   C. 认定侵权行为成立后，责令乙公司应向甲公司赔偿 50 万元人民币
   D. 认定侵权行为成立后，根据当事人的请求对赔偿数额进行调解

【答案】 B D

【知识点】 侵犯注册商标专利权的法律责任

【解析】 根据《商标法》第六十条第一款的规定，商标注册人或者利害关系人就侵犯注册商标权的行为，可以向人民法院起诉，也可以请求工商行政管理部门处理，故选项 A 错误。根据《商标法》第六十条第二款的规定，工商行政管理部门处理时，认定侵权行为成立的，责令立即停止侵权行为，没收、销毁侵权商品和主要用于制造侵权商品、伪造注册商标标识的工具，并处罚款。故选项 B 正确。对于侵权赔偿数额，工商行政管理部门职能进行调解，而非责令具体的赔偿数额。因此选项 C 错误，选项 D 正确。

综上，本题答案为：B、D。

89. 甲公司许可乙公司独占使用其注册商标，在合同履行期间，市场上出现大量侵犯该注册商标专用权的商品。对此，下列关于侵权诉讼的说法哪些是正确的？

   A. 甲公司可以自行提起诉讼
   B. 乙公司可以自行提起诉讼
   C. 甲和乙应当共同起诉
   D. 在甲不起诉的情况下，乙才可以自行提起诉讼

【答案】 A B

【知识点】 侵犯注册商标专利权纠纷的解决途径

【解析】 根据《商标法》第六十条的规定，当注册商标专用权受到侵犯时，权利人可向人民法院提起诉讼。故选项 A 正确。《最高人民法院关于对诉前停止侵犯注册商标专用权行为和保全证据适用法律问题的解释》（法释〔2002〕2 号）第一条第二款规定，在注册商标

使用许可合同被许可人中，独占实施许可合同的被许可人可以单独向人民法院提出申请。故选项B正确，选项D错误。选项C于法无据。

综上，本题答案为：A、B。

90. 根据《商标法》及相关规定，对于侵犯商标专用权的赔偿数额确定哪些说法是正确的？
   A. 侵犯商标专用权的赔偿数额，可以按照权利人因被侵权所受到的实际损失确定
   B. 侵犯注册商标专用权的赔偿数额，可以按照侵权人因侵权所获得的利益确定
   C. 侵犯注册商标专用权的赔偿数额，可以参照该商标许可使用费的倍数合理确定
   D. 对恶意侵犯注册商标专用权的赔偿数额，可以适用惩罚性赔偿，但最高不得超过三百万元

【答案】A B C
【知识点】关于商标侵权赔偿数额的规定
【解析】选项A、B、C为《商标法》第六十三条第一款的原文，而针对恶意侵犯商标专用权的行为而适用的惩罚性赔偿，则是由选项A、B、C所确定数额的1~3倍，而非作为"法定赔偿"上限的300万元。

综上，本题答案为：A、B、C。

91. 根据《商标法》及相关规定，对于保全的哪些说法是正确的？
   A. 为制止侵权行为，在证据可能灭失或者以后难以取得的情况下，商标注册人或者利害关系人可以依法在起诉前向法院申请证据保全
   B. 有证据证明他人正在实施或者即将实施侵犯其注册商标专用权的行为，如不及时制止将会使其合法权益受到难以弥补的损害的，可以申请诉前行为保全
   C. 有证据证明他人正在实施或者即将实施侵犯其注册商标专用权的行为，如不及时制止将会使其合法权益受到难以弥补的损害的，可以申请诉前财产保全
   D. 前述三种保全申请均需要提供担保，否则不予以准许

【答案】A B C
【知识点】关于商标侵权赔偿数额的规定
【解析】选项A为《商标法》第六十六条关于证据保全的规定，选项B、C为《商标法》第六十五条关于诉前行为保全与财产保全的规定。根据《最高人民法院关于诉前停止侵犯注册商标专用权行为和保全证据适用法律问题的解释》第六条第二款的规定，针对诉前证据保全，人民法院可以责令申请人提供担保，因此对于一些特殊情况，也可以不提供担保，故选项D的说法过于绝对。

综上，本题答案为：A、B、C。

92. 根据《反不正当竞争法》的规定，下列哪些行为属于互联网不正当竞争行为？
   A. 未经其他经营者同意，经营者利用技术手段在其合法提供的网络产品或者服务中，插

入链接、强制进行目标跳转

B. 网络经营者利用技术手段误导、欺骗、强迫用户修改、关闭、卸载其他经营者合法提供的网络产品或者服务

C. 经营者利用技术手段恶意对其他经营者合法提供的网络产品或者服务实施不兼容

D. 经营者利用技术手段实施其他妨碍、破坏其他经营者合法提供的网络产品或者服务正常运行的行为

【答案】ABCD

【知识点】互联网不正当竞争行为

【解析】根据《反不正当竞争法》第十二条的规定，选项A、B、C、D均属于互联网不正当竞争行为。

综上，本题答案为：A、B、C、D。

93. 根据《反不正当竞争法》的规定，下列哪些采取了保密措施的信息属于商业秘密？

A. 某社交网络公司将用户在互联网上公开的个人信息收集后形成的数据集合

B. 某销售公司将自己多年经营的客户信息整理后形成的信息集合

C. 某公司研发一种新的产品后将产品的技术特征写成专利申请文件后向国家知识产权局提交专利申请，在未授权之前专利申请文件中载明的信息属于商业秘密

D. 某文化创意公司策划推出一部新的游戏作品，涉及游戏的具体设计、情节、装备、规则、人物等等信息在未向社会披露之前属于商业秘密

【答案】BD

【知识点】商业秘密的保护

【解析】《反不正当竞争法》所称的商业秘密，是指不为公众所知悉、具有商业价值并经权利人采取相应保密措施的技术信息和经营信息。根据上述定义，选项B、D均属于商业秘密范畴。选项A属于公开信息，不满足秘密性要件；在选项C中，如果申请了发明专利，则授权前可能已经先期公开，也不满足秘密性要件。

综上，本题答案为：B、D。

94. 根据《集成电路布图设计保护条例》及其他相关规定，下列哪些说法是正确的？

A. 布图设计登记申请的申请文件未使用中文的，国家知识产权局不予受理

B. 国家知识产权局应当对布图设计登记申请进行初步审查

C. 国家知识产权局应当对布图设计登记申请进行实质审查

D. 布图设计明显不符合该条例所规定的布图设计定义的，国家知识产权局应当作出驳回决定

【答案】ABD

【知识点】集成电路布图设计申请的审理

【解析】根据《集成电路布图设计保护条例实施细则》第十七条的规定，申请文件未使

用中文的，不予受理。故选项 A 正确。根据《集成电路布图设计保护条例》第十八条的规定，国家知识产权局受理登记申请，并对申请进行初步审查。故选项 B 正确，选项 C 错误。根据《集成电路布图设计保护条例实施细则》第十九条的规定，对于不属于布图设计定义的申请，应当作出驳回决定。故选项 D 正确。

综上，本题答案为：A、B、D。

95. 根据《植物新品种保护条例》及相关规定，对于植物新品种申请需要初步审查哪些内容？
   A. 是否属于植物新品种保护名录列举的植物属或者种的范围
   B. 是否符合新颖性的规定
   C. 植物新品种的命名是否适当
   D. 植物新品种是否具有稳定性

【答案】A B C

【知识点】关于植物新品种审查内容的法律规定

【解析】选项 A、B、C 为《植物新品种保护条例》第二十七条关于植物新品种初步审定内容的规定。对于稳定性，无法通过初步审查得出结论，因此不在初步审查的范围内，故选项 D 错误。

综上，本题答案为：A、B、C。

96. 根据《保护工业产权巴黎公约》的规定，下列哪些申请的申请人可以享有优先权？
   A. 外观设计申请
   B. 商标注册申请
   C. 实用新型申请
   D. 集成电路布图设计登记申请

【答案】A B C

【知识点】工业产权的优先权

【解析】根据《保护工业产权巴黎公约》（以下简称《巴黎公约》）第四条的规定，外观设计、商标以及实用新型的申请人可享有优先权，故选项 A、B、C 正确。《巴黎公约》不涉及集成电路布图设计，故选项 D 错误。

综上，本题答案为：A、B、C。

97. 根据《保护工业产权巴黎公约》的规定，下列哪些说法是正确的？
   A. 防止不实施专利，巴黎联盟国家有权采取立法措施规定授予强制许可
   B. 自提出专利申请之日起 4 年届满以前，或自授予专利之日起 3 年届满以前，以后届满的期间为准，不得以不实施为理由申请强制许可
   C. 在商品上表示或载明商标注册，不应当作为承认取得商标权利的一个条件

D. 对外观设计的保护，在任何情况下，都不得以不实施为理由而使其丧失

【答案】A B C D

【知识点】《巴黎公约》确立的内容

【解析】选项A、B、C、D均为《巴黎公约》第五条规定的原文，故选项A、B、C、D均正确。

综上，本题答案为：A、B、C、D。

98. 根据《与贸易有关的知识产权协定》的规定，关于专利的规定哪些是正确的？

    A. 各成员可拒绝对某些发明授予专利，只要此种拒绝授予并非仅因为此种利用为其法律所禁止利方式披露其发明，使该专业的技术人员能够实施该发明

    B. 各成员应要求专利申请人以足够清晰和完整的

    C. 各成员可对专利授予的专有权规定有限的例外，只要此类例外不会对专利的正常利用发生无理抵触，也不会无理损害专利所有权人的合法权益，同时考虑第三方的合法权益

    D. 各成员可以要求专利申请人提供关于申请人相应的国外申请和授予情况的信息，该信息会直接决定在该国是否会给予授权

【答案】A B C

【知识点】TRIPS有关专利的规定

【解析】根据TRPIS第二十七条的规定，选项A正确；根据TRPIS第二十九条及第三十条的规定，选项B、C正确。在选项D中，国外同族专利的审查情况仅仅作为授权的参考，不会"直接决定"是否授权，明显错误。

综上，本题答案为：A、B、C。

99. 根据《与贸易有关的知识产权协定》的规定，关于临时措施的规定哪些是正确的？

    A. 司法机关有权责令采取迅速和有效的临时措施以防止侵犯知识产权的行为

    B. 司法机关有权采取迅速和有效的临时措施保存关于被诉侵权的有关证据

    C. 在适当时，特别是在任何迟延可能对权利持有人造成不可补救的损害时，或存在证据被销毁的显而易见的风险时，司法机关有权采取不作预先通知的临时措施

    D. 司法机关有权责令申请人提供足以保护被告和防止滥用的保证金或相当的担保

【答案】A B C D

【知识点】TRIPS有关知识产权执法的临时措施

【解析】选项A、B、C、D均为TRIPS第三部分第三节"临时措施"第五十条规定的原文。

综上，本题答案为：A、B、C、D。

100. 根据《与贸易有关的知识产权协定》的规定，未公开信息符合下列哪些条件的，各成

员应当对其提供保护？

A. 该信息的整体或者其各部分的确切排列和组合，并不是通常从事有关这类信息的人所普遍了解或容易获得的

B. 已经呈送给政府机构登记备案

C. 由于是保密信息而具有商业价值

D. 合法控制该信息的人已经根据情况采取了合理的保密措施

【答案】A C D

【知识点】TRIPS有关未公开信息的保护

【解析】根据TRIPS第二部分第七节"未公开信息的保护"第三十九条第二款的规定，选项A、C、D均正确。选项B并非对未披露信息实施保护的前提条件。

综上，本题答案为：A、C、D。

专利代理实务

2018 年全国专利代理人资格考试

专利代理实务考试试卷

国家知识产权局
专利代理人考试委员会监制
2018 年 11 月

答题须知

1. 答题时请以现行、有效的法律和法规的规定为准。

2. 作为考试，应试者在完成题目时应当接受并仅限于本试卷所提供的事实，并且无须考虑素材的真实性、有效性问题。

3. 本专利代理实务试题包括第一题、第二题、第三题、第四题和第五题，满分150分。

应试者应当将各题答案按顺序清楚地撰写在相对应的答题区域内。

试题说明

客户 A 公司正在研发一项产品。在研发过程中，A 公司发现该产品存在侵犯 B 公司的实用新型专利的风险，为此，A 公司进行了检索并得到对比文件 1、2，拟对 B 公司的实用新型专利（下称涉案专利）提出无效宣告请求，在此基础上，A 公司向你所在代理机构提供了涉案专利（附件 1）、对比文件 1－2、A 公司技术人员撰写的无效宣告请求书（附件 2），以及 A 公司所研发产品的技术交底书（附件 3）。

第一题：请你具体分析客户所撰写的无效宣告请求书中的各项无效宣告理由是否成立，并将结论和具体理由以信函的形式提交给客户。

第二题：请你根据客户提供的材料为客户撰写一份无效宣告请求书，在无效宣告请求书中要明确无效宣告请求的范围、理由和证据，要求以《专利法》及其实施细则中的有关条、款、项作为独立的无效宣告理由提出，并结合给出的材料具体说明。

第三题：针对你在第二题所提出的无效宣告请求，请你思考 B 公司能进行的可能应对和预期的无效宣告结果，并思考：在这些应对中，是否存在某种应对会使得 A 公司的产品仍存在侵犯本涉案专利的风险？如果存在，则应说明 B 公司的应对方式、依据和理由；如果不存在，则应说明依据和理由。

第四题：请你根据技术交底书，综合考虑客户提供的涉案专利和两份对比文件所反映的现有技术，为客户撰写一份发明专利申请的权利要求书。

如果认为应当提出一份专利申请，则应撰写独立权利要求和适当数量的从属权利要求；如果在一份专利申请中包含两项或两项以上的独立权利要求，则应说明这些独立权利要求能够合案申请的理由；如果认为应当提出多份专利申请，则应说明不能合案申请的理由，并针对其中的一份专利申请撰写独立权利要求和适当数量的从属权利要求，对于其他专利申请，仅需撰写独立权利要求。

第五题：简述你撰写的独立权利要求相对于本涉案专利所解决的技术问题和取得的技术效果以及所采用的技术手段。如有多项独立权利要求，请分别说明。

附件1（涉案专利）：

(19) 中华人民共和国国家知识产权局

(12) 实用新型专利

(45) 授权公告日 2018年9月12日

(21) 申请号 201721234567.x
(22) 申请日 2017.12.4
(73) 专利权人 B公司

（其余著录项目略）

权 利 要 求 书

1. 一种灯，包括灯座（11）、支撑杆（12）、发白光的光源（13），其特征在于，还包括滤光部（14），所述滤光部（14）套设在所述光源（13）外，所述滤光部（14）由多个滤光区（14a，14b，14c，14d）组成，所述滤光区（14a，14b，14c，14d）与所述光源（13）的相对位置是可以改变的，从而提供不同的光照模式。

2. 根据权利要求1所述的灯，其特征在于，所述滤光部（14）可旋转地连接在所述支撑杆（12）上，通过旋转所述滤光部（14）提供不同的光照模式。

3. 根据权利要求2所述的灯，其特征在于，所述滤光部（14）是圆柱状，所述滤光区（14a，14b，14c，14d）的分界线与所述滤光部（14）的旋转轴平行。

4. 根据权利要求2所述的灯，其特征在于，所述滤光部（14）是多棱柱状，所述多棱柱的每个侧面为一个滤光区，所述多棱柱的棱边与所述滤光部（14）的旋转轴平行。

5. 根据权利要求3或4所述的灯，其特征在于，还包括反射罩（15），所述反射罩（15）固定设置在所述滤光部（14）所包围空间内的光源承载座（121）上、并部分包围所述光源（13），所述反射罩（15）的边缘延伸到所述滤光部（14）以使所述光源（13）发出的光完全限制在单一的滤光区内，所述反射罩（15）优选为铝。

6. 根据权利要求2所述的灯，其特征在于，所述灯座（11）的材料为塑料。

说 明 书

多用途灯

本实用新型涉及灯的改良。

如图1所示，是一种现有灯的示意图。现有灯通常由灯座1、支撑杆2、光源3和部分包围光源3的反射罩4组成，灯座1可以平稳地放置在桌面上，并通过支撑杆2连接到光源3，这种灯通常仅能提供单一形态、单一色调等的光。

本实用新型的主要目的是提供一种多用途灯，可以提供不同的光照模式。

图1为现有灯的示意图；

图2为本实用新型的灯的示意图；

图3中，(a)、(b)分别是本实用新型的光源为发光二极管、荧光管且无反射罩的发光角度示意图；(c)是带反射罩的发光角度示意图。

如图2—3所示，本实用新型的灯包括灯座11、支撑杆12、发白光的光源13。灯还包括滤光部14、遮光片16和光源承载座121，光源13安装在光源承载座121上。滤光部14套设在光源13外，并可旋转地连接在支撑杆12顶端上，如旋转套接在光源承载座121外部，滤光部14的旋转轴和光源承载座121的轴线重合，遮光片16盖在滤光部14远离光源承载座121的顶端。灯座11材料为塑料。

滤光部14由依次排列的多个滤光区组成，其通过透过不同颜色、和/或亮度比例而提供不同的滤光功能，隔开多个滤光区的分界线则平行于滤光部14的旋转轴，因此，通过旋转滤光部14可以为不同的方位提供不同的光照模式。例如，图2—3示出的滤光部14是圆柱状的，有四个滤光区14a、14b、14c、14d，其中，滤光区14a是透明的，便于工作照明，滤光区14b透过中等量黄光，用于营造就餐氛围，滤光区14c和滤光区14d分别透过中等亮度的粉红色和蓝色光，用于营造浪漫和海洋的氛围。

光源13可以是具有一定发光角度的发光二极管灯条，即光源13发射的光主要集中在如图3(a)所示的发光区131下方、由发光区131延伸的两箭头涵盖的发光角度范围之内，而在发光角度之外仅有少量光，因而通过将相应的滤光区14a、14b、14c、14d旋转而覆盖相应的发光角度，可以使得在发光区131下方、发光角度范围之内光的光照模式发生变化。光源13也可以采用荧光管这种360度全角度发光的光源，如图3(b)所示，除了可以调整光源13下方区域的光照模式外，还可以调整光源13侧面和上方等区域的光照模式。

为了集中光能量，可以在滤光部14所包围空间内的光源承载座121上固定设置一个部分包围光源13的反射罩15，如图2、3(c)所示。反射罩15的材料为金属，优选为铝。反射罩15的边缘还可以进一步延伸到滤光部14，这样，灯的出光将完全限制在所选择的滤光区的单一区域内，避免灯的其他滤光区出现不需要的光。

滤光部14也可以是其他形状，例如，是多棱柱状的。当为多棱柱状时，多棱柱的每个侧面为一个滤光区，多棱柱的棱边也是各滤光区的分界线，其与滤光部14的旋转轴平行，此时，可以通过多棱柱的侧面朝向来判断旋转是否已经到位。但在滤光部14为多棱柱的情况下，反射罩15的边缘如果延伸到滤光部14，将使得滤光部14无法旋转。

说 明 书 附 图

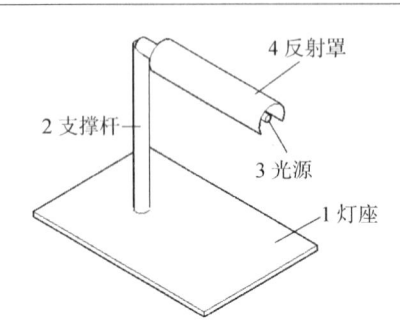

图1 （现有技术）

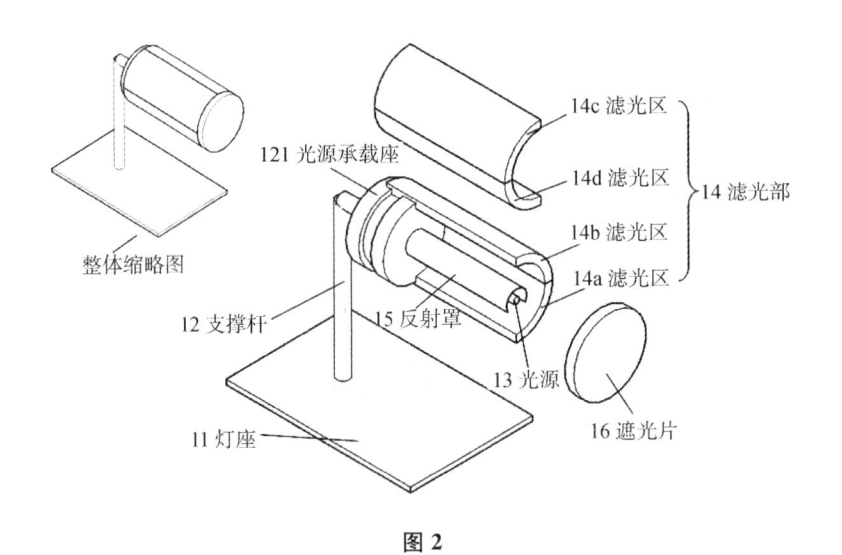

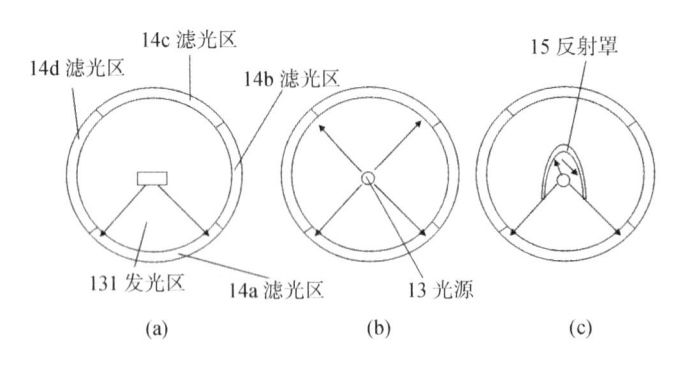

标注：2 支撑杆、4 反射罩、3 光源、1 灯座

图2

标注：整体缩略图、121 光源承载座、14c 滤光区、14d 滤光区、14b 滤光区、14a 滤光区、14 滤光部、12 支撑杆、15 反射罩、13 光源、16 遮光片、11 灯座

图3

(a) 标注：14d 滤光区、14c 滤光区、14b 滤光区、131 发光区、14a 滤光区
(b) 标注：13 光源
(c) 标注：15 反射罩

对比文件1：

(19) 中华人民共和国国家知识产权局

(12) 实用新型专利

(45) 授权公告日 2007年10月9日

(21) 申请号 200620123456.5
(22) 申请日 2006.12.26

(其余著录项目略)

说　明　书

变光灯

本实用新型涉及一种变光灯。

现有放置在桌子上的台灯，包括灯座、管状光源和部分包围管状光源的反射罩，不具备变光功能。

本实用新型目的在于提供一种变光灯，可以使得用户根据需要进行变光。

图1为本实用新型的变光灯的分解图；

图2为本实用新型的变光灯的一种工作状态的剖视图，此时光源23对准滤光层242并用销柱25定位。

如图1-2所示，本实用新型的变光灯包括灯座21、支撑柱22、光源23和变光套24，支撑柱22设置在灯座21上，光源23为在支撑柱22顶端的四个侧面上设置的白光发光二极管，变光套24为中空的四棱柱体，其从上到下地由滤光层241、242、243和一个基底244排列而成，滤光层241、242、243和一个基底244均为中空的四棱柱体，滤光层241、242、243的透明度依次降低。

通过上下移动变光套24相对于支撑柱22的位置，并用销柱25定位，使得变光套24上下运动，从而适应用户的不同亮度需求。

说 明 书 附 图

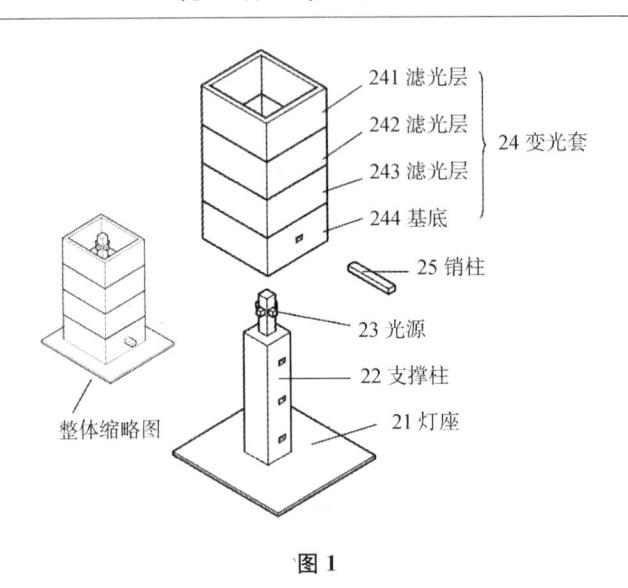

图1

- 241 滤光层
- 242 滤光层
- 243 滤光层
- 244 基底
- 24 变光套
- 25 销柱
- 23 光源
- 22 支撑柱
- 21 灯座

整体缩略图

图2

- 23 光源
- 22 支撑柱
- 241 滤光层
- 242 滤光层
- 243 滤光层
- 244 基底
- 24 变光套
- 25 销柱
- 21 灯座

对比文件 2：

(19) 中华人民共和国国家知识产权局

(12) 实用新型专利

(45) 授权公告日 2008 年 10 月 23 日

(21) 申请号 200820789117.7
(22) 申请日 2008.1.4

(其余著录项目略)

说　明　书

调光灯

本实用新型涉及一种调光灯。

现有技术的调光灯，其调光是通过阻抗调节结构和灯泡串联而实现的，但是这种方式流过灯泡的电流会产生变化，导致使用寿命缩短。

本实用新型所要解决的技术问题是提供一种使用寿命长的调光灯。

图 1 是本实用新型的调光灯的分解图；

图 2 是从调光灯发出的光的亮度较暗时的工作状态图，此时，灯罩被旋转到其侧壁部分地或全部地遮挡灯泡；

图 3 是从调光灯发出的光的亮度较亮时的工作状态图，此时，灯罩被旋转到其侧壁完全露出灯泡。

如图 1-3 所示，调光灯包括塑料的灯座 31、竖直柱 32、灯泡 33、灯罩 34，竖直柱 32 的外壁设置外螺纹；灯泡 33 设置于竖直柱 32 顶端；灯罩 34 整体由半透明材料制成，灯罩 34 下侧与竖直柱 32 通过内外螺纹配合，从而可旋转地套设于竖直柱 32 外侧，旋转灯罩 34 可使其上下移动，从而实现亮度调整。

说 明 书 附 图

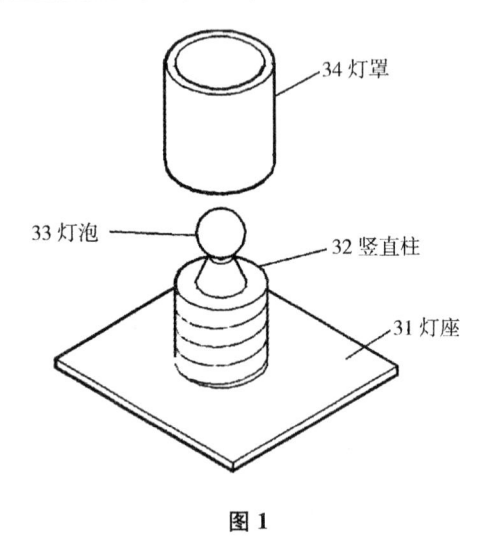

图 1

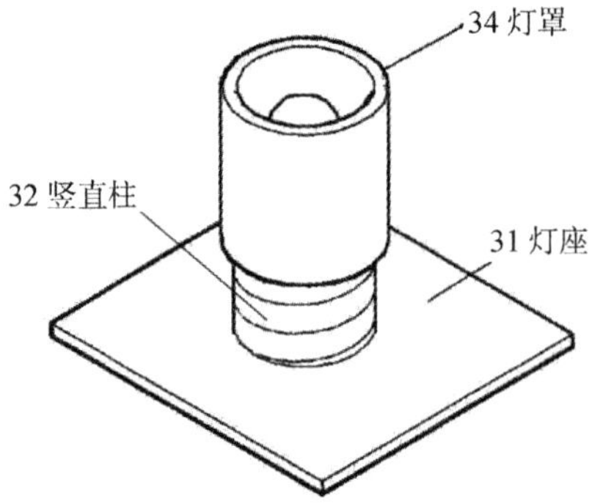

图 2

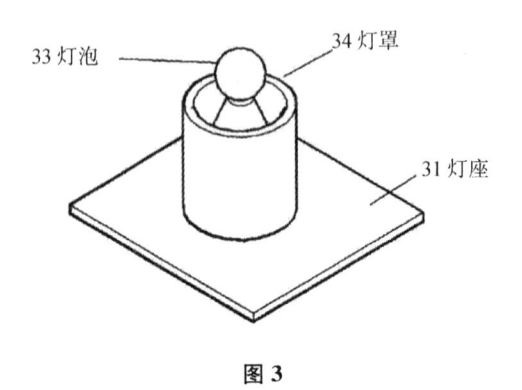

图 3

附件2（A公司技术人员撰写的无效宣告请求书）：

（一）关于新颖性和创造性

1. 对比文件1公开变光套24包括三个从上到下透明度依次降低的滤光层，变光套24可上下运动，实现了灯的不同亮度调整。因此，对比文件1公开了权利要求1的特征部分的全部内容，权利要求1相对于对比文件1不具备新颖性。

2. 对比文件2公开了灯罩34与竖直柱32通过内外螺纹配合，从而可旋转地套设于竖直柱32外侧，旋转灯罩34可使其上下移动，实现亮度调整，因此，对比文件2公开了权利要求2的全部附加技术特征，因此，在其所引用的权利要求1不具备新颖性的前提下，权利要求2也不具备新颖性。

3. 由于权利要求6的附加技术特征是材料，不属于形状、构造，而涉案专利为实用新型，实用新型保护的对象为产品的形状、构造或者其结合，因此该特征不应当纳入新颖性的考虑之内，因此，在其引用的权利要求不具备新颖性的前提下，该权利要求也不具备新颖性。

（二）其他无效理由

4. 在权利要求1-2、6无效的前提下，权利要求3-4将成为独立权利要求，由于权利要求3-4所引用的权利要求2不具备新颖性，而权利要求3-4的附加技术特征既不相同，也不相应，因此，权利要求3-4将不具备单一性。

5. 权利要求5-6中限定了材料，由于实用新型保护的对象为产品的形状、构造或者其结合，因此，权利要求5-6不是实用新型的保护对象，不符合《专利法》第二条第三款的规定。

因此请求宣告涉案专利全部无效。

附件3（技术交底材料）：

一种多功能灯

现有灯的亮度、冷暖色调等通常是单一的。但是，不同用途往往需要有不同的光，例如小夜灯需要亮度较暗、色调较暖的黄光，工作时需要亮度较高、色调较冷的白光，用餐时需要亮度中等、色调较暖的黄光。因此，需要一种灯能同时兼具多种模式以满足不同需求。

为此，提供了一种能兼顾上述需求的灯。

图1为灯的整体分解图；

图2为灯的分解剖视图；

图3为拆除遮光片46后、朝光源承载座421观看的滤光部44的剖视图。

如图1—3所示，灯包括灯座41、支撑杆42、光源43。光源43为全角度发光的线性白光灯管，反射罩45部分包围光源43。灯还包括滤光部44、遮光片46和光源承载座421，光源43安装在光源承载座421上，滤光部44套设在光源43之外，并可旋转地连接在支撑杆42顶端上，如旋转套接在光源承载座421外部。遮光片46盖在滤光部44远离光源承载座421的顶端，并随滤光部44一起共同旋转。

滤光部44具有三个滤光区44a、44b、44c，其分界线位于一个虚拟圆柱体的圆柱面上，并与滤光部44的旋转轴平行。滤光区44a仅透过少部分黄光从而实现小夜灯的功能，其形成在该虚拟圆柱体的120度圆心角的扇形圆柱面上；滤光区44b是透明的，便于工作照明，滤光区44c可透过中等量黄光从而营造就餐氛围，滤光区44b、44c形成在该虚拟圆柱体的内接等边三棱柱的两个侧平面上。反射罩45使光线发射角度集中到光源43下方的一个滤光区的范围中，通过滤光部44的旋转可以实现满足上述三种光照的需求。

由于小夜灯模式透光量较少，相对于其他两种光照模式，滤光部44会吸收更多的光，升温更多，而将滤光区44a设置在虚拟圆柱体的圆柱面上，并将滤光区44b、44c设置在该虚拟圆柱体的内接等边三棱柱上，且滤光部44的旋转轴、光源43的轴线均与该虚拟圆柱体的中心轴重合，使得滤光区44a与光源43的间距大于其他滤光区44b、44c与光源43的间距，将会抑制滤光部44升温，并通过滤光区44b、44c的平面设置，保证了各滤光区44a、44b、44c的相应光照模式切换到位。

为便于在黑暗环境下，定位小夜灯模式，在滤光区44a与其他两个滤光区44b、44c交界区域各设置一列间隔的荧光凸点，而在其他两个滤光区44b、44c的交界区域设置条形荧光凸起，同时在滤光部44的靠近光源承载座421和靠近遮光片46的边界区域，以及遮光片46的靠近各滤光区的区域上，分别设置表示滤光区编号的数字型荧光凸起，当然，这些荧光凸点和荧光凸起等亮度极弱并不能用于照明，但可在触感和视觉上被识别。同时，由于圆柱面和平面的整体触感不同，也可以定位小夜灯模式。

技术交底材料附图

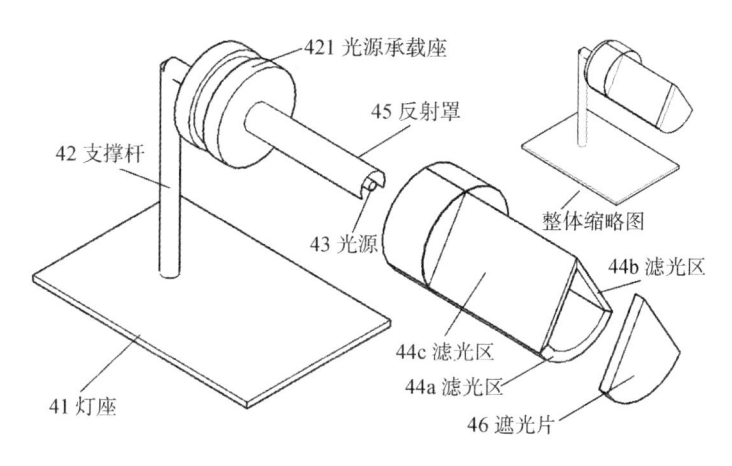

图 1

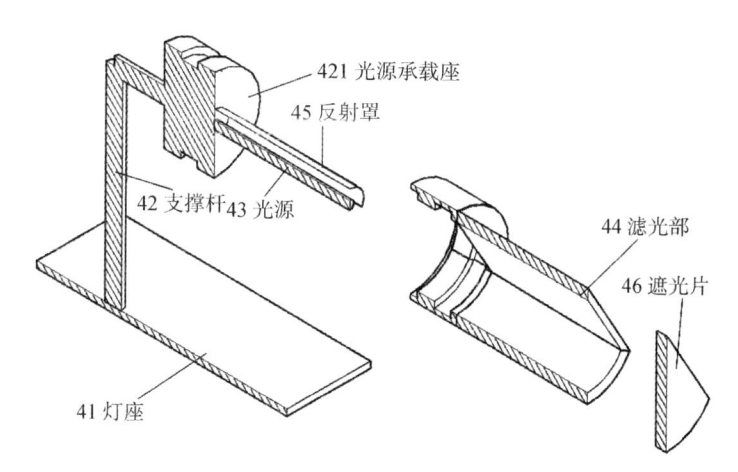

- 421 光源承载座
- 45 反射罩
- 42 支撑杆
- 43 光源
- 41 灯座
- 44c 滤光区
- 44a 滤光区
- 44b 滤光区
- 46 遮光片
- 整体缩略图

图 2

- 421 光源承载座
- 45 反射罩
- 42 支撑杆
- 43 光源
- 41 灯座
- 44 滤光部
- 46 遮光片

图 3

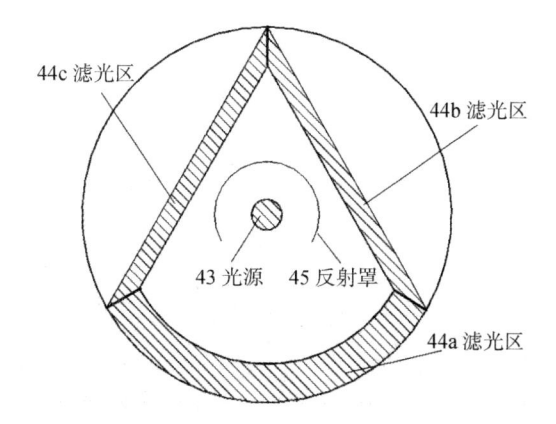

- 44c 滤光区
- 44b 滤光区
- 43 光源
- 45 反射罩
- 44a 滤光区

143

2018年专利代理实务题
答题要点及参考答案

一、总体考虑

2018年专利代理实务考试试题总共有五道题目，涉及了无效实务和申请实务两个部分。第一题至第三题是无效实务部分。第一题要求应试者根据客户提供的资料具体分析客户所撰写的无效宣告请求书（附件2）中的各项理由是否成立，并将具体意见以信函的形式提交给客户。该题重点考查应试者对于专利代理事务中应知应会的几个基本法律概念的理解和运用能力，要求应试者全面正确地判断题述理由是否符合《专利法实施细则》第六十五条第二款规定的范围，并对附件2中的具体理由是否成立、撰写是否合适等内容作出判断和予以说明。第二题要求应试者根据客户提供的资料撰写无效宣告请求书。该题全面考查了应试者对于专利代理实务中经常涉及的几个基本法律概念，包括新颖性、创造性、权利要求是否得到说明书的支持等内容的掌握程度以及灵活运用的能力。应试者作为无效宣告请求人的代理人，要条理清晰，有理有据地分析客户提供的资料，选择能成功地将涉案专利宣告无效的最有力证据和提出最具说服力的理由。第三题要求应试者站在涉案实用新型的专利权人B公司的角度进行换位思考，思考专利权人B公司针对第二题所提出的无效宣告请求可能进行的应对和预期可能的无效宣告结果。该题考查了应试者是否关注和理解最新的政策修改，重点考查了应试者对于2017年02月28日公布的《国家知识产权局关于修改〈专利审查指南〉的决定》[国家知识产权局令（第七十四号）]关于无效实务中的修改要求的理解，并进行正确的处理。

第四题和第五题为申请实务部分。第四题采用撰写权利要求书这种专利代理实务中最基本的形式，主要考查应试者撰写权利要求书的基本技巧，要求在满足《专利法》及《专利法实施细则》有关规定的前提下，撰写合适范围的独立权利要求和若干项逻辑清楚、层次分明的从属权利要求。此题一方面，要求应试者要具有总结归纳的能力，能根据客户所提供的各类素材总结归纳后为客户的每一项发明寻求一个最合理范围的专利保护；另一方面，也要求应试者能够撰写出有层次、有梯度、逻辑严谨、结构清楚的一组从属权利要求，从而保证权利的稳定性。第五题要求应试者分析其在第四题中撰写的独立权利要求相对于该涉案专利所解决的技术问题和取得的技术效果以及所采用的技术手段。此题实质上是从另一个角度考查了应试者对于创造性的把握，以及应试者在独立权利要求撰写时对技术内容的掌握情况。同时让应试者还原出在第四题中所进行的思考、分析和判断，从而进一步考查应试者对于权利要求撰写思路和步骤的掌握情况。

二、对客户所撰写的无效宣告请求书中各项理由是否成立给出咨询意见

2018年专利代理实务考试的第一题要求应试者按照题目要求并根据客户所撰写的无效宣告请求书（附件2）为客户撰写咨询意见，逐一分析附件2中涉及的各项无效理由是否成立并进行相应的说明。除了该附件2之外，试卷中还给出了三份素材，包括：附件1（涉案

专利）以及客户提供的对比文件1~2。

在具体分析各项理由是否成立之前，应试者需要知道客户都提出了哪些无效理由，需要认真阅读该题中给出的三份素材，全面了解涉案专利以及所有对比文件的相关内容，并按照以下思路和步骤进行分析。

（一）分析客户提供的涉案专利的权利要求书

涉案专利的权利要求书共有6项权利要求，其中有1项独立权利要求。独立权利要求1涉及一种具有滤光部的灯；从属权利要求2引用了独立权利要求1；从属权利要求3、4均嵌套引用了从属权利要求2，它们均对灯的滤光部作了进一步限定；从属权利要求5是对从属权利要求3或4的灯反射罩的进一步限定；从属权利要求6对从属权利要求2的灯座作了进一步限定。涉案专利的最大保护范围（权利要求1要求保护的技术方案）是通过将多个滤光区依次排列组成灯的滤光部，并使这些滤光区可相对光源改变位置，从而提供不同的光照模式，实现一灯多用。具体实施时是通过旋转滤光部并使各滤光区的分界线平行于滤光部的旋转轴而提供不同的光照模式。

（二）分析客户提供的对比文件

对于对比文件的分析，需要从时间和内容这两方面入手。在时间方面，需要考查客户提供的对比文件是否构成涉案专利的现有技术，或者是否属于申请在先公开（公告）在后的专利申请或者专利文件；在内容方面，需要考查客户所提供的这些对比文件是否能够影响涉案专利权利要求的新颖性和/或创造性，以及是否构成抵触申请。

在该题中，对比文件1和对比文件2均为先于涉案专利申请日已经公开的专利文献。它们在时间上均构成了涉案专利的现有技术，可以用来评价权利要求的新颖性和创造性。

在内容上，对比文件1公开了一种变光灯，包括灯座、支撑柱、光源和变光套，白光光源设置在支撑柱顶端的侧面上，变光套从上到下地由三个滤光层和一个基底排列而成，三个滤光层的透明度依次降低。通过上下移动变光套相对于支撑柱的位置是调整滤光层相对于光源的位置以适应不同亮度需求。

对比文件2公开了一种调光灯，包括塑料的灯座、竖直柱、灯泡、灯罩，灯泡设置于竖直柱顶端，灯罩由半透明材料制成，灯罩下侧与竖直柱通过内外螺纹配合，从而可旋转地套设于竖直柱外侧，旋转灯罩可使其上下移动，也是调整灯罩相对于光源的位置以实现亮度调整。

题述的对比文件1~2均属于同一灯具领域，且属于现有技术。在此基础上，需要进一步判断两份对比文件是否公开了涉案专利，是否有结合的技术启示，从而才能判断题述理由是否成立。

（三）分析客户所撰写的无效宣告请求书中涉及的各项理由

客户所撰写的无效宣告请求书中包括如下理由：（1）关于新颖性和创造性，主要是新颖性；(2) 其他无效理由，包括单一性和《专利法》的保护对象。

新颖性的评价需要把握两个基本原则：(1) 同样的发明或者实用新型。在进行新颖性判断时，要求涉案专利的权利要求与对比文件的技术领域、所解决的技术问题、技术方案和预期效果实质相同，重点是判断技术方案是否实质上相同。(2) 单独对比。在新颖性判断中，不能将几项现有技术或者一份对比文件中的多项技术方案进行组合对比。

如前所述，对比文件1、对比文件2均属于现有技术，均可用来评价权利要求的新颖性和创造性。

在该题中的理由1考查应试者对新颖性具体判断原则的适用，特别是对"同样的发明或者实用新型"判断原则的具体运用。对比文件1公开了一种变光灯（参见对比文件1的说明书正文第8~14行，附图1~2），包括灯座21、支撑柱22、光源23和变光套24，光源23为白光发光二极管，变光套24为四棱柱体，其从上到下地由滤光层241、242、243和一个基底244排列而成，滤光层241、242、243的透明度依次降低。图2示出变光套24套设于光源23外，通过上下移动变光套24相对于支撑柱22的位置，并用销柱25定位，使得变光套24上下运动，从而适应用户的不同亮度需求。由此可见，对比文件1公开了权利要求1的全部技术特征，二者采用了相同的技术方案，并且它们都属于新型灯这一相同的技术领域，都解决了提供不同光照模式的技术问题，并能达到相同的预期技术效果。因此，权利要求1相对于对比文件1不具备新颖性，不符合《专利法》第二十二条第二款的规定。因此，该题中的理由1是成立的，但理由1中在论述权利要求1不具备新颖性的原因时，在对比文件1引证部分仅论述了"对比文件1公开变光套24包括三个从上到下透明度依次降低的滤光层，变光套24可上下运动，实现了灯的不同亮度调整"，即引证部分实际上仅涉及了与权利要求1特征部分对应的技术特征而未提及权利要求前序部分的技术特征，但权利要求1所要求保护的技术方案包含了前序部分和特征部分的全部内容；其次，在结论部分指出"因此，对比文件1公开了权利要求1的特征部分的全部内容，权利要求1相对于对比文件1不具备新颖性"，即结论部分认为：权利要求1相对于对比文件1之所以不具备新颖性是因为"对比文件1公开了权利要求1的特征部分的全部内容"。也就是，理由1是将涉案专利权利要求1特征部分的内容与对比文件1中的相应部分内容进行比较而作出新颖性评价的，违反了新颖性判断中的"同样的发明或者实用新型"判断原则，是针对技术方案整体进行判断的。因此，理由1的不具备新颖性结论虽正确，但其中在论述权利要求1不具备新颖性的原因时因概念和判断方法错误导致了整体论述错误。

在该题中的理由2同样考查应试者对从属权利要求概念的理解和新颖性"单独对比"判断原则的具体运用。首先，权利要求2是从属于权利要求1的，构成的完整技术方案应该包含了权利要求1的全部技术特征和权利要求2的附加技术特征；其次，如前所述，对比文件1是通过上下移动变光套24相对于支撑柱22的位置，从而适应用户的不同亮度需求，不同于权利要求2的"所述滤光部（14）可旋转地连接在所述支撑杆（12）上，通过旋转所述滤光部（14）提供不同的光照模式"。这构成了权利要求2与对比文件1的区别，导致二者不能构成相同的发明。对比文件2的灯罩由半透明材料制成，并未公开权利要求2的"所述滤光部由多个滤光区组成",故权利要求2相对于对比文件2具备新颖性。所以,权利要求2相对于对比文件1或2都是具备新颖性的。同时,虽然该区别技术特征被同一领域的对比文件2的"旋转灯罩34可使其上下移动,实现亮度调整"公开了,即对比文件2公开了权利要求2的全部附加技术特征,但是,根据"单独对比"原则,不能将对比文件1、2这两项现有技术中的技术方案进行组合来评述权利要求2不具备新颖性。同时,对比文件2至少未公开权利要求2的"所述滤光部由多个滤光区组成",故权利要求2相对于对比文件2具备新颖性。因此,权利要求2相对于对比文件1或2都是具备新颖性的。该题的理由2中所认为的"在其所引用的权利要求1不具备新颖性的前提下,权利要求2也不具备新颖性"的结论是错误的,即理由2不成立。

在该题中的理由3考查应试者对实用新型权利要求中涉及材料特征的具体理解。权利要求6是在权利要求2的基础上进一步限定了"所述灯座(11)的材料为塑料",而根据《专利审查指南2010》第四部分第六章第3节的规定,在无效宣告程序对实用新型专利的新颖性审查中,应当考虑所有技术特征,包括材料特征。也就是,无效宣告程序实用新型专利的新颖性审查中应当考虑材料特征。因此该题的理由3中指出的"该特征不应当纳入新颖性的考虑之内,因此,在其引用的权利要求不具备新颖性的前提下,该权利要求也不具备新颖性"论述错误,即理由3不成立的且论述错误。

在该题中的理由4考查应试者对《专利法实施细则》第六十五条所规定的能被作为无效宣告理由的掌握情况。单一性是《专利法》第三十一条的规定,而《专利法实施细则》第六十五条第二款所规定的能作为无效宣告理由的具体条款中并未涉及《专利法》第三十一条。因此,根据上述规定,不能以权利要求之间缺乏单一性为由提出无效宣告请求,即理由4不成立。

在该题中的理由5考查应试者对实用新型专利保护客体的具体理解和运用。根据《专利法》第二条第三款的规定,《专利法》所称实用新型,是指对产品的形状、构造或者其结合所提出的适于实用的新的技术方案。根据《专利审查指南2010》第一部分第二章第6.2.2节的规定,权利要求中可以包含已知材料的名称,即可以将现有技术中的已知材料应用于具有形状、构造的产品上,例如复合木地板、塑料杯、记忆合金制成的心脏导管支架等,不属于对材料本身提出的改进。而权利要求5和6中出现的铝和塑料显然是已知材料,它们被应用于灯这一产品中,不属于对材料本身提出的改进。因此,权利要求5~6是实用新型的保护对象,即理由5不成立。

需要说明的是,该题仅要求应试者对于附件2中所涉及的各项理由是否成立作答,因此在该题的答案中不要求应试者具体分析对比文件2能否评价涉案专利权利要求的新颖性及对比文件1能否结合对比文件2评价涉案专利权利要求的创造性。

第一题参考答案

尊敬的A公司:

很高兴贵方委托我代理机构代为办理有关请求宣告专利号为201721234567.x、

名称为"多用途灯"的实用新型专利无效宣告请求的有关事宜。经仔细阅读贵方提供的附件1~2以及对比文件1~2，我认为附件2中各项理由是否成立的结论和理由是：

1. 权利要求1相对于对比文件1不具备新颖性的无效理由成立

对比文件1除了公开附件2的理由1中的内容外，还公开了一种变光灯（参见对比文件1的说明书正文第8~14行，附图1~2），包括与权利要求1前序部分对应的灯座21、支撑柱22、光源23，光源23为白光发光二极管，而且对比文件1的图2示出变了光套24套设于光源23外。由此可见，对比文件1公开的是权利要求1的全部技术特征，而不是仅"权利要求1的特征部分的全部内容"。因此，权利要求1相对于对比文件1不具备新颖性，不符合《专利法》第二十二条第二款的规定。也就是，在评述一个方案是否具备新颖性时应该从权利要求所要求保护的整个方案的记载入手，包括所引证现有技术的内容及结论的得出。故而，该题中的理由1虽成立，但理由1中的论述是错误的。

2. 权利要求2不具备新颖性的无效理由不成立

权利要求2的方案包括了权利要求1的全部技术特征和权利要求2的附加技术特征。如前所述，对比文件1公开了权利要求1的全部技术特征，而权利要求2与对比文件1的区别为权利要求2的附加技术特征——"所述滤光部（14）可旋转地连接在所述支撑杆（12）上，通过旋转所述滤光部（14）提供不同的光照模式"。因此，权利要求2相对于对比文件1具备新颖性。虽然该区别技术特征被对比文件2的"旋转灯罩34可使其上下移动，实现亮度调整"公开，但是，根据新颖性判断的"单独对比"原则，不能用对比文件1结合对比文件2评述权利要求2不具备新颖性。同时，对比文件2未公开权利要求2的"所述滤光部由多个滤光区组成"。因此，权利要求2相对于对比文件1或2都具备新颖性。因此，该题的理由2不成立。

3. 权利要求6不具备新颖性的无效理由不成立

根据《专利审查指南2010》第四部分第六章第3节的规定，在无效程序实用新型专利的新颖性审查中，应当考虑所有技术特征，包括材料特征。因此，该题中理由3的"该特征不应纳入新颖性的考虑之内"的结论是错误的，即理由3不成立。

4. 权利要求3和4不具有单一性的无效宣告理由不成立

《专利法》第三十一条规定的单一性不是《专利法实施细则》第六十五条第二款规定的可被无效宣告的条款。因此，该题中理由4将"权利要求3~4将不具备单一性"作为无效宣告理由是错误的，即理由4不成立。

5. 权利要求5~6不是实用新型的保护对象的无效宣告理由不成立

权利要求5和6中出现的铝和塑料显然是已知材料，根据《专利法》第二条第三款和《专利审查指南2010》第一部分第二章第6.2.2节的相关规定，权利要求中可以包含已知材料的名称，因此，权利要求5～6是实用新型的保护对象。

三、撰写无效宣告请求书

2018年专利代理实务考试的第二题要求应试者根据题目给出的素材为客户撰写无效宣告请求书，说明可提出无效宣告请求的范围、理由和证据。

应试者在认真阅读试卷中给出的资料，全面了解涉案专利以及所有对比文件的相关内容以后，按照以下思路和步骤进行分析。

（一）分析客户提供的对比文件是否需要作为证据提交以及与证据相关的无效理由

如前所述，对比文件1、2在时间上均可以用来考虑评价权利要求的新颖性和创造性，从内容上它们均属于同一灯具领域，对比文件1公开了涉案专利权利要求1的全部技术特征、对比文件2公开了权利要求2的附加技术特征，而权利要求6在权利要求2基础上进一步限定的"所述灯座（11）的材料为塑料"被对比文件2公开。因此，对比文件1和对比文件2将影响权利要求1的新颖性和权利要求2、6的创造性，对比文件1和对比文件2可以作为评价涉案专利权利要求1、2、6的新颖性或创造性的证据提交。

分析对比文件1和对比文件2可知，对比文件1和对比文件2中均没有公开如权利要求3中所述的"所述滤光区（14a，14b，14c，14d）的分界线与所述滤光部（14）的旋转轴平行"，也没有公开权利要求4中所述的"所述滤光部是多棱柱状，所述多棱柱的每个侧面为一个滤光区，所述多棱柱的棱边与所述滤光部（14）的旋转轴平行"的技术方案，而权利要求5引用权利要求3或4。因此，根据目前所掌握的证据，不能以权利要求3、4、5不具备新颖性或创造性为由提出无效宣告请求。

（二）分析涉案专利的权利要求书是否存在其他可以提出无效宣告请求的缺陷

通过分析可知，权利要求5中出现"优选"使得技术方案不清楚。

权利要求5引用权利要求3或4的技术方案还限定了"反射罩（15）的边缘延伸到所述滤光部（14）"，根据说明书的记载：滤光部14可以是其他形状，例如，是多棱柱状的。在滤光部14为多棱柱的情况下，反射罩15的边缘如果延伸到滤光部14，将使得滤光部14无法旋转。由此可见，说明书中公开了一种具体的结构，当滤光部14为多棱柱时，反射罩15的边缘延伸到滤光部14会使得滤光部14无法旋转。而权利要求5引用权利要求4的方案显然要求保护的是说明书中记载无法旋转的方案，其不能通过旋转滤光部提供不同的光照模式。因此权利要求5引用权利要求4的方案得不到说明书的支持，不符合《专利法》第二十六条第四款的规定。

（三）确定无效宣告请求的范围、理由和证据的使用

在前述分析的基础上，可以确定无效宣告请求的范围、理由和证据为：权利要求1相对

于对比文件 1 不具备新颖性；权利要求 2、6 相对于对比文件 1 和对比文件 2 的结合不具备创造性；权利要求 5 引用权利要求 4 的方案没有以说明书为依据，不符合《专利法》第二十六条第四款的规定；权利要求 5 的技术方案不清楚，不符合《专利法》第二十六条第四款的规定。因此请求宣告权利要求 1、2、6 以及权利要求 5 的技术方案无效。

第二题参考答案

根据《专利法》第四十五条和《专利法实施细则》第六十五条的规定，请求人请求宣告专利号为 201721234567.x、名称为"多用途灯"的实用新型专利（下称该专利）部分无效，请求人提供如下的证据：

对比文件 1：专利号为 ZL200620123456.5 的实用新型专利说明书，授权公告日为 2007 年 10 月 09 日；

对比文件 2：专利号为 ZL200820789117.7 的实用新型专利说明书，授权公告日为 2008 年 10 月 23 日。

具体理由如下：

1. 权利要求 1 不具备《专利法》第二十二条第二款规定的新颖性

权利要求 1 请求保护一种灯，对比文件 1 公开了一种变光灯（参见对比文件 1 的说明书正文第 8～14 行，附图 1～2），包括灯座 21、支撑柱 22、光源 23 和变光套 24，光源 23 为白光发光二极管，变光套 24 为四棱柱体，其从上到下地由滤光层 241、242、243 和一个基底 244 排列而成，滤光层 241、242、243 的透明度依次降低。图 2 示出变光套 24 套设于光源 23 外，通过上下移动变光套 24 相对于支撑柱 22 的位置，并用销柱 25 定位，使得变光套 24 上下运动，从而适应用户的不同亮度需求。其中，对比文件 1 的支撑柱 22 也是一种支撑杆，光源 23 为白光发光二极管，也是发白光的光源；变光套 24 从上到下排列的滤光层 241、242、243 的透明度依次降低，表明了变光套 24 也是滤光部且其由多个滤光区组成，图 2 示出变光套 24 套设于光源 23 外；通过上下移动变光套 24 适应用户的不同亮度需求也属于滤光区与光源的相对位置是可以改变的，提供不同的光照模式。

由此可见，对比文件 1 公开了权利要求 1 的全部技术特征，二者采用了相同的技术方案，并且它们都属于新型灯这一相同的技术领域，都解决了提供不同光照模式的技术问题，并能达到相同的预期技术效果。因此，权利要求 1 相对于对比文件 1 不具备新颖性，不符合《专利法》第二十二条第二款的规定。

2. 权利要求 2 不具备《专利法》第二十二条第三款规定的创造性

对比文件 1 是与该专利最接近的现有技术，对比文件 1 公开了权利要求 2 回引的权利要求 1 的全部技术特征，因此权利要求 2 与对比文件 1 的区别是："所述滤光部（14）可旋转地连接在所述支撑杆（12）上，通过旋转所述滤光部（14）提供不同的光照模式"。由上述区别技术特征可以确定，权利要求 2 相对于对比文件 1 实际解决的技术问题是如何用不同方式提供不同的光照模式。对比文件 2 公开了一种调光灯（参见对比文件2说明书正文第10～13行，附图1～3），包括灯座31、竖直柱32、灯泡33、灯罩34，竖直柱32的外壁设置外螺纹；灯泡33设置于竖直柱32顶端；灯罩34整体由半透明材料制成，灯罩34下侧与竖直柱32通过内外螺纹配合，从而可旋转地套设于竖直柱32外侧，旋转灯罩34可使其上下移动，从而实现亮度调整。对比文件2的灯罩34也是滤光部，其也是可旋转地连接在支撑杆上且通过旋转滤光部提供不同的光照模式。由此可见，对比文件2公开了权利要求2中的上述区别技术特征，该区别技术特征在对比文件2所起的作用（解决的技术问题）也是通过旋转方式来调整光照模式，即它们的作用也相同。因此，对比文件2给出将上述区别特征应用到对比文件1以解决其存在的技术问题的技术启示，在对比文件1的基础上，结合对比文件2从而得到权利要求2的技术方案，对于本领域技术人员来说是显而易见的。综上，权利要求2相对于对比文件1和对比文件2的结合不具有实质性特点和进步，不具备《专利法》第二十二条第三款规定的创造性。

3. 权利要求6不具备《专利法》第二十二条第三款规定的创造性

权利要求6的附加技术特征（"所述灯座"的材料为塑料）被对比文件2公开，即对比文件2还公开了塑料的灯座31（参见对比文件2正文第10行），因此，在其引用的权利要求2不具备创造性的前提下，权利要求6也不具备《专利法》第二十二条第三款规定的创造性。

4. 权利要求5引用权利要求4的技术方案没有以说明书为依据，不符合《专利法》第二十六条第四款的规定

根据该专利说明书记载的内容可知，在滤光部14为多棱柱的情况下，反射罩15的边缘如果延伸到滤光部14，将使得滤光部14无法旋转。而权利要求5引用了权利要求3或4，其附加技术特征包括了"反射罩（15）的边缘延伸到所述滤光部（14）"，但其引用权利要求4时，因权利要求4的附加技术特征包括"滤光部（14）是多棱柱状"。也就是，当权利要求5引用权利要求4时的方案明显是说明书中记载无法旋转的方案，其不能通过旋转滤光部提供不同的光照模式。因此，权利要求5引用权利要求4的技术方案得不到说明书支持，不符合《专利法》第二十六条第四款的规定。

5. 权利要求5中出现"优选"，这在一项权利要求中限定出不同的保护方案，因此，权利要求5不清楚，不符合《专利法》第二十六条第四款的规定

综上所述，该专利不符合《专利法》第二十二条第二款和第三款、第二十六条第四款规定，现请求宣告专利号为201721234567.x、名称为"多用途灯"的实用新型专利部分无效（或，请求宣告专利号为201721234567.x、名称为"多用途灯"的实用新型专利的权利要求1、2、5～6的技术方案无效）。

四、针对应试者在第二题所提出的无效宣告请求预测 B 公司能进行的可能应对和预期的无效宣告结果

2018 年专利代理实务考试的第三题要求应试者针对自己在第二题所提出的无效宣告请求思考 B 公司能进行的可能应对和预期的无效宣告结果，并思考：在这些应对中，是否存在某种应对会使得 A 公司的产品仍存在侵犯涉案专利的风险并应说明依据和理由。也就是，该题的题述要求应试者思考的是：在可以进行修改的方式中选择可以将 A 公司的产品仍包含在其中的一种修改方式，以便最大范围地保护 B 公司的实用新型专利并遏制 A 公司的产品。

（一）确定涉案专利相对于现有技术不能被无效的技术方案

针对第二题提交的无效宣告请求书可知，仅是请求宣告权利要求 1、5~6 的方案无效，权利要求 3、4 的方案没有被请求无效。也就是，权利要求 3 和权利要求 4 的技术方案相对于目前的现有技术（对比文件 1~2）不能被无效。

（二）分析客户提供的技术交底材料中所涉及的技术方案

客户提供的技术交底材料涉及的是"一种多功能灯"，包括灯座 41、支撑杆 42、光源 43、滤光部 44、遮光片 46 和光源承载座 421，反射罩 45 部分包围光源 43，滤光部 44 套设在光源 43 之外，并可旋转地连接在支撑杆 42 顶端上。其通过多个具体的结构设置既解决了"灯能同时兼具多种模式以满足不同需求"这一基本技术问题，还进一步解决了"抑制小夜灯模式升温多"和"在黑暗环境下，定位或识别小夜灯模式"的两个技术问题，具体如下。

1. 解决"灯能同时兼具多种模式以满足不同需求"的技术问题的实施方案

具体结构设置是：灯，包括灯座 41、支撑杆 42、光源 43、反射罩 45、滤光部 44、遮光片 46 和光源承载座 421，光源 43 安装在光源承载座 421 上，滤光部 44 套设在光源 43 之外，并可旋转地连接在支撑杆 42 顶端上，滤光部 44 具有三个具有不同透明度的滤光区 44a、44b、44c，各滤光区 44a、44b、44c 相互之间的分界线位于一个虚拟圆柱体的圆柱面上，并与滤光部 44 的旋转轴平行，将实现小夜灯功能的滤光区 44a 设置在虚拟圆柱体的圆柱面上，并将滤光区 44b、44c 设置在该虚拟圆柱体的内接等边三棱柱上。反射罩 45 使光线发射角度集中到光源 43 下方的一个滤光区的范围中，通过滤光部 44 的旋转可以实现满足上述三种光照的需求。

2. 解决"抑制小夜灯模式升温更多"的技术问题的实施方案

具体结构设置是：灯，包括灯座 41、支撑杆 42、光源 43、反射罩 45、滤光部 44、遮光片 46 和光源承载座 421，光源 43 安装在光源承载座 421 上，滤光部 44 套设在光源 43 之外，并可旋转地连接在支撑杆 42 顶端上，滤光部 44 具有三个具有不同透明度的滤光区 44a、

44b、44c，各滤光区44a、44b、44c相互之间的分界线位于一个虚拟圆柱体的圆柱面上，并与滤光部44的旋转轴平行，将实现小夜灯功能的滤光区44a设置在虚拟圆柱体的圆柱面上，并将滤光区44b、44c设置在该虚拟圆柱体的内接等边三棱柱上，使滤光部44的旋转轴、光源43的轴线均与该虚拟圆柱体的中心轴重合，可使得滤光区44a与光源43的间距大于其他滤光区44b、44c与光源43的间距，将会抑制滤光部44升温。

3. 解决"在黑暗环境下，定位或识别小夜灯模式"的技术问题的实施方案

具体结构设置是：灯，包括灯座41、支撑杆42、光源43、反射罩45、滤光部44、遮光片46和光源承载座421，光源43安装在光源承载座421上，滤光部44套设在光源43之外，并可旋转地连接在支撑杆42顶端上，滤光部44具有三个具有不同透明度的滤光区44a、44b、44c，各滤光区44a、44b、44c相互之间的分界线位于一个虚拟圆柱体的圆柱面上，并与滤光部44的旋转轴平行，在滤光区44a与其他两个滤光区44b、44c交界区域各设置一列间隔的荧光凸点，而在其他两个滤光区44b、44c的交界区域设置条形荧光凸起。同时在滤光部44的靠近光源承载座421和靠近遮光片46的边界区域，以及遮光片46的靠近各滤光区的区域上，分别设置表示滤光区编号的数字型荧光凸起。这些荧光凸点和荧光凸起等亮度极弱并不能用于照明，但可在触感和视觉上被识别。同时，由于圆柱面和平面的整体触感不同，也可以定位小夜灯模式。

（三）确定针对无效请求可进行修改的方式

国家知识产权局于2017年02月28日发布了《国家知识产权局关于修改〈专利审查指南〉的决定》[国家知识产权局令（第七十四号）]，决定自2017年04月01日起施行。根据修改后的《专利审查指南2010》第四部分第三章第4.6.2节对于无效程序中修改方式的规定，修改权利要求书的具体方式一般限于权利要求的删除、技术方案的删除、权利要求的进一步限定、明显错误的修正。权利要求的进一步限定是指在权利要求中补入其他权利要求中记载的一个或者多个技术特征，以缩小保护范围。

如前所述，涉案专利不能被无效的方案是权利要求3和权利要求4的技术方案。以往最直接的修改方式就是将权利要求3或4的整体技术方案作为修改后的独立权利要求，这样，修改后的独立权利要求既相对于对比文件1～2具备新颖性和创造性，同时也有别于技术交底材料中的三个实施方案。但这样一来，就满足不了题述"可以将A公司的产品仍包含在其中"的要求。

上述第74号局令中对于无效宣告程序修改规定了"在权利要求中补入其他权利要求中记载的一个或者多个技术特征"的修改方式。这为我们提供了一种新的修改方式，有别于前述的直接将权利要求3或4的整体技术方案作为修改后的独立权利要求的修改。为此，可考虑将权利要求3或4的一个或多个技术特征补入独立权利要求中，但是对于仅补入部分特征后形成的新独立权利要求特别要关注的是，一定要遵循《专利审查指南2010》关于无效宣告程序中专利文件修改的4条修改原则。由于仅是在涉案专利的独立权利要求中补入部分特征，其权利要求主题名称、技术特征必然是来自原权利要求书，且补入部分特征必然缩小了

原专利的保护范围，但对于是否超出原说明书和权利要求书记载的范围则需要进行综合分析方能作出准确判断。

对于"没有超出原说明书和权利要求书记载的范围"的认定，具体考虑如下：虽然权利要求3还限定了滤光部（14）为圆柱状，但由于涉案专利说明书中既记载了圆柱状滤光部（14）的方案，但也记载了"滤光部14也可以是其他形状"且列举了"当为多棱柱状时，多棱柱的每个侧面为一个滤光区，多棱柱的棱边也是各滤光区的分界线"，也就是，涉案专利说明书中公开了滤光部14可为不限于圆柱状或多棱柱状的多种形状的技术方案。同时涉案专利权利要求1中已经限定了"所述滤光部由多个滤光区组成"，故其实际上只要在涉案专利权利要求1基础上再补入权利要求2的"所述滤光部（14）可旋转地连接在所述支撑杆（12）上""通过旋转所述滤光部（14）提供不同的光照模式"和权利要求3的"所述滤光区（14a，14b，14c，14d）的分界线与所述滤光部（14）的旋转轴平行"，就可以达到"通过旋转所述滤光部（14）提供不同的光照模式"，而不必将权利要求3的"所述滤光部是圆柱状"补入，该修改方式也不会超出原说明书和权利要求书记载的范围。

这样，该修改后的独立权利要求在修改的方式和修改应遵循的4条原则上均符合《专利审查指南2010》上述关于无效宣告程序中专利文件修改的规定。修改后的独立权利要求因具有"所述滤光区（14a，14b，14c，14d）的分界线与所述滤光部（14）的旋转轴平行"而有别于对比文件1或/和对比文件2，具备新颖性和创造性，同时也因补入的上述特征而使得整个方案涵盖了客户提供的技术交底材料涉及的解决"灯能同时兼具多种模式以满足不同需求"问题的技术方案，从而使得A公司的产品仍存在侵犯该涉案专利的风险，起到了遏制A公司产品的作用。

第三题参考答案

B公司存在这样的应对方式。

该方式为：将权利要求2的附加技术特征和权利要求3的一部分附加技术特征即"滤光区（14a，14b，14c，14d）的分界线与所述滤光部（14）的旋转轴平行"加入权利要求1中，修改成一个新的独立权利要求1。这样做符合《专利审查指南2010》第四部分第三章第4.6.2节对于无效宣告程序中修改方式的规定，也符合《专利法》第三十三条的规定。

修改后的独立权利要求中"滤光区（14a，14b，14c，14d）的分界线与所述滤光部（14）的旋转轴平行"技术特征未被对比文件1或对比文件2公开。因此，该独立权利要求相对于对比文件1和对比文件2具备新颖性和创造性。同时，该修改后的独立权利要求也涵盖了A公司技术交底材料中的解决提供不同模式照明问题的技术方案，实现了光照模式的切换，预期涉案专利将因修改后的独立权利要求而被维持有效，并能使得A公司的产品仍存在侵犯该涉案专利的风险，从而遏制A公司的产品。

五、撰写权利要求书

2018年专利代理实务考试的第四题要求应试者根据题目给出的素材为客户撰写实用新型专利申请的权利要求书。在撰写权利要求书时，应试者应当认真阅读、全面了解技术交底材料和现有技术的相关内容，撰写出既符合《专利法》和《专利法实施细则》相关规定，又能最大化地维护客户利益的权利要求书。在答题时可以按照以下的思路和步骤进行。

（一）确定技术交底材料相对于现有技术所解决的技术问题

在该题中，涉案专利及对比文件1、对比文件2均构成了技术交底材料的现有技术。虽然现有技术中的灯都具有类似于滤光部的部件且滤光部可分为若干区，这些滤光部或者通过上下移动滤光部相对于光源的位置，或是通过将滤光部的旋转轴与光源承载部件的轴线重合的方式满足了用户的不同亮度需求，但不能改进日常生活中特别是具有多棱柱状滤光部的小夜灯使用时遇到的问题，使得具有多棱柱状滤光部的小夜灯模式时滤光部温度升高，定位小夜灯模式困难。如前所述，客户提供的技术交底材料中记载了解决上述两个技术问题的技术方案，可以抑制滤光部温度升高和方便小夜灯模式定位。

（二）确定独立权利要求的保护范围

独立权利要求应当从整体上反映发明的技术方案，记载解决技术问题的必要技术特征。为了达到使客户的利益最大化的目标，应试者不能简单地照抄技术交底材料中的实施方式，而应当对其中的实施方式进行适当概括，以避免所撰写权利要求的保护范围太小。

如前所述，技术交底材料中涉及解决"灯能同时兼具多种模式以满足不同需求""抑制小夜灯模式升温多"和"在黑暗环境下，定位或识别小夜灯模式"这三个技术问题的多个具体实施例。但此时根据技术交底材料撰写权利要求书，现有技术除了对比文件1~2之外还应包括涉案专利。相比于现有的对比文件1~2和涉案专利，技术交底材料中解决"灯能同时兼具多种模式以满足不同需求"的方案已被涉案专利公开，解决其他两个问题的方案尚未在这些现有技术中公开。因此，可提出申请的方案仅是解决"抑制小夜灯模式升温多"和"在黑暗环境下，定位或识别小夜灯模式"问题的实施方案。

技术交底材料中关于上述两个可提出申请的方案包括：(1) 在确保滤光部44有三个滤光区44a、44b、44c，其中将实现小夜灯功能的滤光区44a形成在虚拟圆柱体的圆柱面上，将其他两个滤光区44b、44c形成在该虚拟圆柱体的内接等边三棱柱的两个侧平面上的基础上，通过使滤光部44的旋转轴、光源43的轴线均与该虚拟圆柱体的中心轴重合，使得滤光区44a与光源43的间距大于其他滤光区44b、44c与光源43的间距，抑制滤光部升温。(2) 为便于在黑暗环境下，定位小夜灯模式，在滤光区44a与其他两个滤光区44b、44c交界区域各设置一列间隔的荧光凸点，而在其他两个滤光区44b、44c的交界区域设置条形荧光凸起，同时在滤光部44的靠近光源承载座421和靠近遮光片46的边界区域，以及遮光片46的靠近各滤光区的区域上,分别设置表示滤光区编号的数字型荧光凸起。对于上述实施方案,我们可以将三个滤光区概括为多个滤光区,内接等边三棱柱概括为多棱柱,将上述设置的如荧光凸点、条形荧光凸起、数字型荧光凸起等不同形式的定位小夜灯的结构,概括为荧光定位部,或概括为荧光识别部、荧光标记部、荧光标识部、荧光辨识部、荧光凸状部等,将滤光区44a与其他两个滤光区44b、44c交界区域和其他两个滤光区44b、44c的交界区域概括为各滤光区的交界区等,因此可以确定撰写的独立权利要求的最大的保护范围。

(三) 确定独立权利要求之间是否符合单一性要求

由上可知,技术交底材料中涉及的上述两个技术问题,可以形成用于分别解决每个技术问题的两个独立权利要求。其中,为了解决"抑制滤光部温度升高"技术问题,技术交底材料给出了一个实施例,可以撰写出一个独立权利要求。为了解决"方便小夜灯模式定位"技术问题,技术交底材料则是给出了多种实施方式,但其可以被概括后撰写出一个独立权利要求。这样,根据技术交底材料的内容,可以撰写出两个独立权利要求。此时,就需要进行独立权利要求之间是否具备单一性的判断,以确定是提出一份专利申请,还是提出两份专利申请。

经过分析,为了解决两个不同的技术问题,技术交底材料给出了不同的技术方案,因此涉及不同技术问题的独立权利要求之间没有相同或相应的特定技术特征,应当分案申请。

(四) 根据实施例撰写适当数量的从属权利要求

本次考试要求应试者如果认为应当提出多份专利申请,则撰写分案申请并说明理由。同时,为了形成较好的保护梯度,应当根据具体内容针对其中的一份专利申请撰写最合适范围的独立权利要求和适当数量的从属权利要求;对于其他专利申请,仅需撰写最合适范围的独立权利要求。应试者需要在正确全面理解交底材料的基础上,厘清思路,正确构架从属权利要求的结构和顺序,并调整权利要求之间的引用关系,避免从属权利要求保护范围不清楚的情况出现。此外,对于解决两个问题的两份申请还可以通过将其中一个技术问题作为主问题撰写独立权利要求,将另一个问题作为其进一步解决的问题撰写成适当数量的从属权利要求。这样,解决两个问题的实施例之间内容互有交叉,又各自不同,从而形成较好的保护梯度。当然,如此申请时要注意最后不能出现两个同样方案的权利要求授予两项专利权。

第四题参考答案

该题应分案,包括两份申请,有两种样式,即撰写权利要求书的样式一、权利要求书的样式二。

(一) 撰写权利要求书的样式一

第一份申请为扇形和平面组合滤光部、各轴重合或间距不同以抑制温升的发明,包括一项独立权利要求和若干项从属权利要求。

1. 一种灯,包括灯座、支撑杆、光源、反射罩、滤光部、遮光片和光源承载座，所述光源安装在所述光源承载座上，所述反射罩部分包围所述光源，所述滤光部套设在所述光源之外，并可旋转地连接在所述支撑杆顶端上，所述滤光部具有多个滤光区，其特征在于：所述多个滤光区的分界线位于一个虚拟圆柱体的圆柱面，其中所述一个滤光区形成在所述虚拟圆柱体的扇形圆柱面上，其他所述滤光区形成在所述虚拟圆柱体的内接多棱柱的其他侧平面上，所述滤光部的旋转轴、所述光源的轴线均与所述虚拟圆柱体的中心轴重合（和/或写成：所述虚拟圆柱体的扇形圆柱面上的所述滤光区与所述光源的间距大于其他所述滤光区与所述光源的间距）。

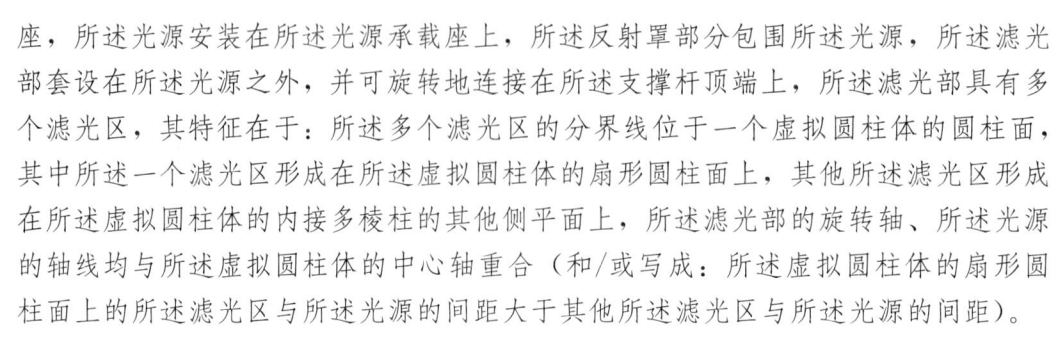

2. 如权利要求1所述的灯，其特征在于：所述滤光部具有的所述多个滤光区为三个，还包括荧光定位部，在所述三个滤光区之间的交界区域、在所述滤光部靠近所述光源承载座和靠近所述遮光片的边界区域，以及在所述遮光片的靠近所述三个滤光区的区域上设置所述荧光定位部。

3. 如权利要求2所述的灯，其特征在于：在形成在所述虚拟圆柱体的扇形圆柱面上的一个所述滤光区与形成在所述虚拟圆柱体的内接三棱柱的两个侧平面上的另外两个所述滤光区的交界区域设置的所述荧光定位部为一列间隔的荧光凸点，在所述两个侧平面上的另外两个所述滤光区的交界区域设置的所述荧光定位部为条形荧光凸起，在所述滤光部靠近所述光源承载座和靠近所述遮光片的边界区域设置的所述荧光定位部，并且在所述遮光片靠近所述三个滤光区的区域上设置的所述荧光定位部为表示滤光区编号的数字型荧光凸起。

4. 如权利要求1~3任一项所述的灯，其特征在于：形成在所述虚拟圆柱体的扇形圆柱面上的滤光区为形成在120度圆心角的扇形圆柱面上。

另案提交的第二份申请为设置荧光定位部以定位小夜灯模式的发明，仅撰写一项独立权利要求。

1. 一种灯，包括灯座、支撑杆、光源、反射罩、滤光部、遮光片和光源承载座，所述光源安装在所述光源承载座上，所述反射罩部分包围所述光源，所述滤光部套设在所述光源之外，并可旋转地连接在所述支撑杆顶端上，所述滤光部具有多个滤光区，其特征在于：还包括在所述多个滤光区之间的交界区域、在所述滤光部靠近所述光源承载座和靠近所述遮光片的边界区域，以及在所述遮光片的靠近所述多个滤光区的区域上设置荧光定位部。

（二）撰写权利要求书的样式二

第一份申请为设置荧光定位部以定位小夜灯模式的发明，撰写一项独立权利要求和若干项从属权利要求。

1. 一种灯，包括灯座、支撑杆、光源、反射罩、滤光部、遮光片和光源承载座，所述光源安装在所述光源承载座上，所述反射罩部分包围所述光源，所述滤光部套设在所述光源之外，并可旋转地连接在所述支撑杆顶端上，所述滤光部具有多个滤光区，其特征在于：还包括在所述多个滤光区之间的交界区域、在所述滤光部靠近所述光源承载座和靠近所述遮光片的边界区域，以及在所述遮光片的靠近所述

多个滤光区的区域上设置荧光定位部。❶

2. 如权利要求1所述的灯,其特征在于:所述滤光部具有的多个滤光区为三个,所述三个滤光区的分界线位于一个虚拟圆柱体的圆柱面,其中一个所述滤光区形成在所述虚拟圆柱体的扇形圆柱面上,另外两个所述滤光区形成在所述虚拟圆柱体的内接三棱柱的两个侧平面上,所述滤光部的旋转轴、所述光源的轴线均与所述虚拟圆柱体的中心轴重合(或写成:形成在所述虚拟圆柱体的扇形圆柱面上的滤光区与所述光源的间距大于所述另外两个滤光区与所述光源的间距)。

3. 如权利要求2所述的灯,其特征在于:在形成在所述虚拟圆柱体的扇形圆柱面上的滤光区与形成在所述虚拟圆柱体的内接三棱柱的两个侧平面上的滤光区的交界区域设置的所述荧光定位部为一列间隔的荧光凸点,在所述两个侧平面上的滤光区的交界区域设置的所述荧光定位部为条形荧光凸起,在所述滤光部靠近所述光源承载座和靠近所述遮光片的边界区域设置的所述荧光定位部,并且在所述遮光片靠近所述三个滤光区的区域上设置的所述荧光定位部为表示滤光区编号的数字型荧光凸起。

4. 如权利要求2或3所述的灯,其特征在于:形成在所述虚拟圆柱体的扇形圆柱面上的滤光区为形成在120度圆心角的扇形圆柱面上。

另案提交的第二份申请为扇形和平面组合滤光部、各轴重合或间距不同以抑制温升的发明,仅撰写一项独立权利要求。

1. 同前面的撰写权利要求书的样式一第一份申请的独立权利要求1的方案(略)。

(三)分案理由

在第一份申请的独立权利要求1和被分案的第二份申请的独立权利要求1(或在两份申请的两个独立权利要求)之间不存在相同或相应的特定技术特征,因此不属于一个总的发明构思,不具备单一性,不符合《专利法》第三十一条的规定,应当分别作为两份申请提出。

六、分析技术问题和技术效果以及所采用的技术手段

2018年专利代理实务考试的第五题要求应试者说明所撰写的独立权利要求相对于涉案专利解决的技术问题和达到的技术效果以及所采用的技术手段。该题的目的旨在提醒应试者,对交底材料进行理解和分析时,要注意从解决的技术问题出发,考虑其能够达到的技术效果、所采取的技术手段,撰写出能够获得最大保护范围的独立权利要求。确定解决的技术问题是创造性判断"三步法"的重要一步,通过该题考查了应试者对于"三步法"的掌握情况。

---

❶ 该项独立权利要求同前面撰写权利要求书的样式一的第二份申请的独立权利要求的方案。

第五题参考答案

（1）对于撰写权利要求书的样式一

第一份申请的独立权利要求相对于该涉案专利所解决的技术问题是滤光区与光源的间距相同导致滤光部升温的问题。所取得的技术效果是抑制滤光部升温。所采用的技术手段是：滤光部具有多个滤光区，所述多个滤光区的分界线位于一个虚拟圆柱体的圆柱面，其中所述一个滤光区形成在所述虚拟圆柱体的扇形圆柱面上，其他所述滤光区形成在所述虚拟圆柱体的内接多棱柱的其他侧平面上，所述滤光部的旋转轴、所述光源的轴线均与所述虚拟圆柱体的中心轴重合（和/或写成：所述虚拟圆柱体的扇形圆柱面上的所述滤光区与所述光源的间距大于其他所述滤光区与所述光源的间距）。

第二份申请的独立权利要求相对于该涉案专利所解决的技术问题是在黑暗环境下难以相互区分不同滤光区或者说小夜灯模式的问题。所取得的技术效果是可以在黑暗环境下定位滤光区或者说小夜灯模式。所采用的技术手段是：滤光部具有多个滤光区，在所述多个滤光区之间的交界区域、在所述滤光部靠近所述光源承载座和靠近所述遮光片的边界区域，以及在所述遮光片的靠近所述多个滤光区的区域上设置荧光定位部。

（2）对于撰写权利要求书的样式二

第一份申请的独立权利要求相对于该涉案专利所解决的技术问题是：不同的滤光区之间外形结构均是相同，在黑暗环境下难以相互区分不同滤光区或者说小夜灯模式的问题。所取得的技术效果是可以在黑暗环境下定位滤光区或者说小夜灯模式。所采用的技术手段是：滤光部具有多个滤光区，在所述多个滤光区之间的交界区域、在所述滤光部靠近所述光源承载座和靠近所述遮光片的边界区域，以及在所述遮光片的靠近所述多个滤光区的区域上设置荧光定位部。

第二份申请的独立权利要求相对于该涉案专利所解决的技术问题是滤光区与光源的间距相同导致滤光部升温的问题。所取得的技术效果是抑制滤光部升温。所采用的技术手段是：滤光部具有多个滤光区，所述多个滤光区的分界线位于一个虚拟圆柱体的圆柱面，其中所述一个滤光区形成在所述虚拟圆柱体的扇形圆柱面上，其他所述滤光区形成在所述虚拟圆柱体的内接多棱柱的其他侧平面上，所述滤光部的旋转轴、所述光源的轴线均与所述虚拟圆柱体的中心轴重合（和/或写成：所述虚拟圆柱体的扇形圆柱面上的所述滤光区与所述光源的间距大于其他所述滤光区与所述光源的间距）。